画妖怪的我

〔日〕水木茂 著　柳凯薇 译

南海出版公司

目 录

前言

从小，我就问我的父母和老师，这个世界上是不是真的有妖怪。他们却总是笑我傻。

但现在，我靠这些妖怪生活。

我不否认，人们在学校能学到很多知识。但我认为，自己感兴趣的东西，就算在别人看来是没用的，也是非常有价值的。

我女儿几乎不怎么学习，一心专注于动漫。妻子对我说："她总是对这些没用的东西感兴趣，也不学习，你管管她。"

但我现在也靠着这些以前被别人认为没用的东西生活。

我认为，能发现自己认为有价值的东西，然后坚持去做，并不是什么坏事。

水木茂

这家伙是不是笨蛋

　　我出生在鸟取县的一座港口城市。

　　我是一个能吃能睡、身体健康的孩子。除了不听话之外，还大舌头，说话不利索。

　　虽然话都说不清楚，但我还是要按照自己的想法来。所以不知道什么原因，我们三兄弟，哥哥和弟弟都去上幼儿园了，我却待在家里。大概是因为我不守规矩，又爱睡懒觉，父母有所顾虑吧。似乎从那个时候开始，我就已经"掉队"了。

　　因为小学是义务教育，所以没什么可担心的。如果所有的学校都能像小学这样就好了。

　　读小学的时候，我是孩子王，沉浸在自己的爱好里无法自拔。孩子王就是孩子中的领导者。除了要拥有强大的腕力之外，还要懂得与他们相处的方法，否则很容易失去资格。虽说要适当展现武力，但如果经常欺负别人，就可能引发"政变"而下台。因此，做孩子王还是很有难度的一件事。

幸好我很擅长拍洋片和游泳。因为离海近，所以有时会指导其他孩子游泳，天冷的时候，还会组织大家拍洋片。

而且我讨厌欺负弱者，喜欢和比我厉害的或高年级的学生打架。这个在拳击里，叫和上一级选手较量。我从来不欺负女孩。以前，男孩和女孩不在一起玩耍。就算在一起玩，因我喜欢女孩，所以不会欺负她们。

当孩子王太过忙碌，导致我没有时间学习。不过，我却十分讨人喜欢，老师也说我和别人不一样，我反而得到了大家异样的尊重。这样一来，我就更加无心学习了。

虽然在学校不学习，但我却沉浸在自己喜欢的事物中。就是我在前面提到的爱好。

我不断收集昆虫、贝壳和海草，把它们放在壁橱里，有时候还将它们作为素描的对象。沉浸在这样的世界里，让我觉得无比快乐。

我会在洋片上下功夫，做出厉害的洋片，也自己做过风筝。

我还养过小家鼠和山羊。

之后就开始研究妖怪和传说。

我家附近有一位知道很多传说和宗教故事的老奶奶（叫"鬼婆婆"），她给我讲了很多故事。

几十年前，无论在哪个地方，哪个镇子或村庄，都有一两位这样的老奶奶。她们会讲一些令人毛骨悚然，却又回味无穷的故事。

鬼婆婆带我到山里时，会给我讲山中的妖怪；带我到海边时，就会讲海里的妖怪。她把周围所有关于妖怪的故事，都讲给我听。

到了七夕，鬼婆婆会给我讲七夕的由来；到了正

月，要焚烧注连绳①，她会给我讲注连绳的来历。

我听鬼婆婆讲故事，仿佛祖先的灵魂已经深入到了自己心中。

这种感受最强烈的时候，就是盂兰盆节。

因为祖先的灵魂会回来，所以整个镇子都会做好接灵的准备。

我喜欢这种特殊的氛围。

装有蔬菜的稻草船和灯笼被放入海中，随着海水缓缓移动。看到这样的景象，我觉得在海的彼岸，有着属于它们的终点。

鬼婆婆和我说，那是一个叫"十万亿土"的极乐之地，是灵魂居住的场所。

听她这样讲，就算不是亲眼看到，也能感受到。

镇上到处都是神社和祠堂。

我每次经过神社或祠堂的时候，就会想，既然里面祭祀着神灵，不可能什么都没有，所以我会透过门

_____
①注连绳是系有白色"之"字型纸带的秸秆制粗壮绳索，表示神圣的界限。

上的洞，窥探一番。

有一天，镇上着了大火。神社和许多人家一样，被点燃了。

我想，会不会有什么东西从神社里跑出来？当我站在被烧毁的神社中思考时，想到有个同学曾说"火灾的时候，神明会从神社里抱着大石头跑出来"。然后我又想："原来神明就是石头吗？"但我觉得，就算是石头，也不是普通的石头。那石头应该拥有神奇的力量，能和灵界相通。

就这样，转眼到了小学六年级。

作为孩子王的我，游泳在全镇是第一名，打仗游戏、拍洋片也都屡战屡胜。不仅如此，我还有了小跟班。

爱好方面，我收藏的东西日渐增多，关于妖怪和传说的知识也日渐丰富。

但是，六年级面临着升学考试这一难关。

二战前，小学是义务教育，毕业时有两个方向：一种是不参加考试进入高等科小学，学习两年然后工作；另一种是参加考试，进入中学学习。

我虽然生活在乡下，但周围充斥着升学热潮。班上将近一半的同学都选择了升学。因此我丝毫没有在意自己的成绩，也果断选择了升学。

　　当时，母亲找老师咨询，老师干脆地说："他即使考试，估计也考不上吧。"

　　母亲虽然很惊讶，但这种事情也无法勉强。毕竟我对最重要的学科——数学，一窍不通。

　　我不仅在家里不学习，在学校也完全不听讲。

　　而且我还经常迟到，特别是冬天，天气寒冷，我经常要睡到九点才起床。

　　哥哥和弟弟早早起床，匆匆吃过早饭，就赶去学校了。而我却不紧不慢地起床，将他们吃剩下的饭全部吃光后，才去上学。我的生物钟和别人的完全不同。

　　这副德行，自然不可能赶上第一节课。而第一节课正好是数学，我每次都要等到数学课结束后，才赶到教室。因此，不可能取得好的成绩，数学成绩一直是零分。虽然如此，但我是一个凡事看得开的孩子，每天都过得很开心。

当然，在发展成这样之前，我没少挨母亲和老师的骂，但我总是充耳不闻。时间长了，大家可能都累了，渐渐对我睁一只眼，闭一只眼。

　　我就算迟到，也不会被老师批评，同学们对我也视而不见。但如果其他孩子迟到，不仅会被老师骂，别的同学还会用异样的眼光看着他。不过，就算遭受这样的待遇，我也完全不放在心上。因为被狠狠批评过，所以脸皮变厚了。就这样，我成了"法律"管束范围之外的人。

　　但是，在我看来，这就是我的活法，我选择的是要快乐的生活。与其说是活法，不如说是我个人的本性。

　　我一直认为，是大地之神在保护我。既然我降临到这个世界，老天就一定能让我有用武之地，只要我不做什么对不起神的事，就没有必要忙忙碌碌。就算别人认为我不认真，我还是认为我的活法才是最认真的。

　　关于这一点，是昆虫和妖怪的生活方式，给了我一些影响。

不过，我的生活方式和小升初考试，似乎是水火不容的关系。

我参加了考试，结果可想而知。因为数学零分，所以肯定是考不上了（当时的考试科目是数学和语文）。

这样，我就进入了高等科小学学习。

这正是不战而败。

高等科小学的两年时间，我依然是孩子王，并靠着自己的爱好度过了那段时光。

终于读完了两年高等科小学，之后可以继续升学，但还是需要考试。如果我这两年认真学习，还有希望，但我依然沉浸在当孩子王和自己的爱好中，数学还是老样子。因此我只好就业。

最终，我选择了在大阪的印刷店工作。

当时流行石板印刷，我的工作就是修正刻在石板上的字和画。

我来到大阪，住在工作的店里，开始有些不习惯。

晚上被臭虫咬得夜不能寐，早上很早就被叫起。最喜欢睡觉的我，渐渐慢性失眠，精神恍惚。我错将躺着读报的老板的头当作坐垫，踩了上去，很快就被炒了鱿鱼。

幸运的是，我在另一家印刷厂找到了工作，但这次依旧不顺利。

我的工作是跑腿，基本就是骑着自行车搬送一些印刷工具。这对我来说是好事。因为能到处转悠，去各种地方看看，所以觉得很开心。但是，我一不小心又沉浸其中，路上发现一家太鼓店，因为制作太鼓的过程很有趣，我竟然看了一天。

最后被老板骂道："你这家伙是不是笨蛋！"

然后，我又一次被炒了鱿鱼。

之后，我就这样漫无目的地闲逛。有一天，我发现一家破旧的店在卖梨。对于吃的东西，我一向都是先吃了再说。于是，我又露出这种本性，买来就吃。谁知道梨是坏的，吃过之后，我就生病了，被医生诊断为黄疸。我没有工作，又生了病，便回了境港。虽然病很快就治好了，但我上不了学，也没有工作，父母对我的处境感到头疼。

但我却丝毫没有放在心上。因为陪伴我的是昆虫和大自然。好不容易有了时间，我都用来画画了，自己感到非常开心。

田野里的鸟、海上的海鸥、山里的昆虫，它们都快乐地生活着。对它们来说，没有"掉队"这样的字眼。只要遵循自然规律生活，就可以轻松地活下去。

我家旁边有一条河，我经常在早上观察河里圣诞蟹的动作，尝试吃类似苔藓的东西，和动物、植物说话，或是到远处走走，就这样度过一天。父母看到我这样，都认为"这孩子，是不是真的傻"。

有时，我会去岛根半岛的内侧（靠日本海一侧），看激浪拍打岩石，可以看一整天，然后感慨自然的博大和豪迈。

奇怪的美术学校

我像什么都没发生一样，过得逍遥自在。但在父母看来，也许我这一生就这样过下去了。每天晚上，他们都会讨论我的事情，看起来疲惫不堪。因为哥哥和弟弟都顺利升学，所以他们更担心我。

在讨论的过程中，父母觉得我画画还可以，所以将关注点放在我的爱好上。

于是，他们帮我寻找不需要考试就能入学的美术学校。

他们找到了一所位于大阪上本町的美术学校，叫精华美术学院。不过，和现在设有漫画专业的京都精华大学，并不是同一所学校。

学校选好之后，我和父亲一道去了大阪，拜访精华美术学院。

　　学校的校舍都是十分简陋的小屋，只有侧面的门很大，挂的牌子上清楚地写着"美术学院"。

　　带领我们参观的是校长兼老师，也就是说，这所学校只有一位老师。

　　不知是不是看出了父亲的怀疑，校长走进房间，拿出一本像百科全书一样厚的书，哗哗地翻动，然后指着"精华美术学院"说道："看看，我们学校被记录在册，绝对是正规学校。"

　　这本厚厚的书，就是《全国学校总目录》。

　　校长捋着他的白胡须解释着，想让父亲放下心来。于是，我们当场就办了入学手续。我才发现，自己已经是一年级的学生了。

　　父亲由于工作关系，要搬到大阪来住。因此在大阪的桃谷租了公寓，我也一起住在那里。

　　就这样，我开始上学了。这里的授课方式就像私塾里那种传统的模式，即先生传授知识给弟子。我非常悠闲，有很多空闲时间。我两天上一次课，老师每次教一个小时左右，课程就结束了。我想着，好不容易能学画画了，就利用剩余的时间来画漫画。就这样，我用了一周的时间，创作出了一本漫画。当然，也不是一直创作漫画，我还尝试了童话绘本，偶尔还会看电影。

学校的帽子上有一枚徽章，是象征美术学校的"美"字，这反而让我有一种冒充学生的内疚感，因为在这所学校，实在太闲了。

我越来越喜欢自学。

我到图书馆临摹人体解剖图（因为我认为这对于人体素描来说，非常必要），在回去的路上，还会在各处写生，疯狂地学习。

我开始钻研绘本，整日将自己关在房间里，想着把安徒生和格林童话创作成绘本故事。父亲担心我，就到房间里来看我，我因为长时间不和人交流，竟说不出正常的话。父亲大吃一惊，以为我不会说话了。不过，过了半天左右，我又恢复正常了。

父亲在生命保险公司工作，之后又被调到兵库县篠山，任分公司经理。这样一来，我一个人住在桃谷的公寓，就显得不划算。于是，我们在篠山租了一栋房子，母亲也从境港搬来，一家三口住在一起。哥哥和弟弟住在学校宿舍。

　　但是，从篠山到大阪的美术学校上学十分麻烦。

　　就像彻今宵小调里唱到的"丹波篠山的深山中"，虽然现在比歌里唱到的要好一些，但还是在深山中。

　　我要乘坐一种叫轻便铁路的小型火车，小到让我惊讶日本还有这种火车。二三十分钟后，火车到达国铁篠山口站，我从这里再前往大阪，非常麻烦。我必须早晨五点起床，如果想在家吃早饭，就必须四点起床。轻便铁路的站台比汽车站大不了多少，勉强有屋顶和椅子。我容易犯困，就喜欢横躺在椅子上，过往的火车经常会以为没有乘客，直接开走。因此，我经常错过火车。

　　该说是迫不得已，还是"因祸得福"呢？这样一来，我就会回到家里，继续睡到十点再起（也就是不去学校了）。父母对我也不会有什么不满，他们认为我沉浸在自学和自己的爱好中，只要我把自己关在二楼的房间里，他们就觉得我一定是在学习。

这时，我自学的对象转向了山中。

我会采摘山中的植物带回家里临摹。如果看到昆虫的巢穴，我就当场临摹下来。

昆虫的巢穴相当于我们人类的家。通过巢穴，可以了解它们的生活方式。我几乎每天都带着火筷子（用这个挖洞正合适）和镊子到山里去，研究昆虫的生活习性。

有时，我还会碰见昆虫以外的东西。

不知为何，这一带有很多蛇出没。到了蛇的产卵期，田间就会出现蜿蜒扭动的蛇群，甚至会让人误以为是田间小路坍塌了。

我在沼泽里还发现了许多蝾螈，在山林中也碰到过野猪。

山里虽然到处都是水田和旱田，但却不会碰见人。我穿梭在山林里，满怀期待，兴奋无比。

有一天，我想看看晚上的山林是什么样的，就穿过黑暗的小路，走到有一座古老神社的后山。我感觉在我周围有一些看不见的东西，成群结队。因为肉眼看不到，所以我想应该就是过去人所说的"气"吧。这莫非是山中的鬼怪？我顿时感到有些害怕，顾不上"研究"，慌慌张张逃回去了。

我还遇到过小鬼。

虽然是白天，但我在昏暗的树荫下，遇到了成群结队的小鬼。我"啊"地叫了一声，小鬼们受到惊吓逃走了。因为是一闪而过，所以我有可能将栗鼠误看成小鬼了。仔细想想，也许就是栗鼠吧。但我明明看到了小鬼啊。也许小鬼是真的存在的。之后我每次去山中，都会四处张望，看会不会再碰见小鬼。

能"碰见"这些妖怪和小鬼，大概是因为我当时爱看童话故事和传说吧。毕竟需要有氛围和心理准备，才能有这种神秘的体验。

在做这些事情的同时，我也在进一步观察昆虫。

我从小就对昆虫感兴趣，不仅是因为它们本身很有趣，还因为我能从它们的生活方式中找到共鸣。

遵循自然规律去生活，我这种淡然的人生观，早就在它们身上得以实践。而且每种昆虫都有它们自己的生活方式。蝴蝶有蝴蝶的生活方式，蚂蚁有蚂蚁的生活方式。蝼蛄有属于它自己的世界，蚯蚓也是。昆虫有着多种多样的生活方式和自己的世界。除了我们生活的世界之外，或许还存在另一个世界。后来，我因为战争①去往东南亚，能够真正融入到当地土著人的生活中，也是因为我这样的人生观吧。

"土著人"这个词，会让我联想到生活在大自然中的人，也就是"大地之子"。我难以放弃"土著人"这个词，觉得这是需要我们尊重的词语。

我不再满足于只观察昆虫。如果抓到螳螂或蟋蟀，就会试着养起来，但往往不会有什么好结果。经常是过了一晚上，就只剩下螳螂，其他昆虫都被螳螂吃掉了。让它们处在这种极端的环境下，弱肉强食的客观规律就会发挥作用。因此，我想能不能尽量保持自然

---

①指第二次世界大战。

的状态，于是将昆虫放在院子里养，这样就不会出什么问题。

这时，我想能不能创作一本叫《天昆童画集》的书。"天昆"的意思是昆虫们的天堂，这本书是描绘昆虫天堂的少年画集。我开始拿起笔创作，并给这些画起了类似"昆虫的管弦乐""枯叶之舞"的名字。但我并不满意，于是又试着上色，却觉得还不是很完美，少了那种引人入胜的氛围。

我想能不能创作出一幅让自己融入其中的作品，于是开始尝试画一幅尺寸约有两张榻榻米大小的巨幅昆虫世界。

父亲看到后，对我说："不如把它捐给幼儿园"。我不知道这是在表扬我，还是在讽刺我。

这样的生活持续了一段时间，我渐渐开始厌倦去这所无聊的学校上学。我想去更好的学校进修，毕竟我将美术史已经烂熟于心。

于是，我对父亲说："爸，我想去东京的美术学校，所以我必须先初中毕业。有一所园艺学校比较好考，我觉得我能考上。"

父亲认为我有了斗志，就问："考试都考什么？"

"爸，你别担心，从今年开始只考历史。"

"只考历史吗？那太好了，你试试吧。"

一拍即合，于是我很快买了历史参考书。

先不管东京的美术学校，我将当前的目标缩小到了园艺学校。

落榜的只有一个人

在现在看来，园艺学校就是农业学校。战事越发激烈，学校成了为后方（战场的后方，也就是日本本土）提供粮食补给的地方。因此考试科目只考历史，大家都很容易考上。

但对我来说却并非如此。我本来就喜欢大自然，想在学校种种花草，悠闲地过日子。考试科目只有一科，对我这种掉队王来说，是绝佳的机会。

我把三本历史参考书背得滚瓜烂熟，在考试前一天去看了考场。

大阪园艺学校建在荒郊野外，看上去孤零零的。

因为我生来讨厌考试，即使是再简单的考试，我来到考场后，心里也会感到紧张和不安。刚好有个和我一样来看考场的考生，无意中和他聊起天，发现他消息比较灵通。他和我说："不用担心，招五十个人，报名的只有五十一个。"

"这样的话，如果有谁因为肚子痛而放弃，我们不用考试就能录取了？"

"考试就是一个形式，大家都能通过的。"

"那就等于我们都被录取了？"

"是的。"

他非常肯定，但是对于考试，我还是感到一丝不安。对其他人来说，考试靠的是实力，但对我来说，考试就是"不幸"的同义词，难以靠我的力量改变。

看到我一脸不安，那个考生对我说："哈哈，没关系，大家都能被录取的，所有人。"

"真是这样吗？"

"真的，校长说都会录取的。"

"哦，原来如此。"

既然是这样，我就放心了。第二天就是考试的日子。

父亲特意来陪我考试。父亲能陪我考试，真少见，应该是十分担心我吧。面对父亲的期待，而且这个考试还关系到我今后的命运，我不由得紧张到发抖，直冒冷汗。

进入考场，环视四周，最后一个考生确实是51号。昨天那个考生说的可能是真的。这样一想，我就放松下来，观察每个人的表情，看谁是不幸的那个人。仔细观察，我发现看起来不幸的人不止一个，其中还有流着口水的。

"太好了。"

这下我就放心了。我放手去答历史考试题。

名字和考试联系在一起，我就会感到不安。不过，大部分问题我都顺利答完了，感觉没什么问题，我就彻底放心了。终于，考试结束了。在面试开始前的休息时间，我找到在校园里等我的父亲。

"爸，我能考上，没问题。"

父亲靠在松树上，似乎在思考什么，我看到他露出了如释重负的表情。

面试开始了。

"你进入这所学校，志向是学习农业吗？"

前面坐了一排老师，其中的一位提问道。

"不是，我想成为一名画家。"

我自信满满地回答。

之后我才知道，所有考生回答的都是：

"要去参加满蒙开拓义勇军。"

"满蒙"指的就是现在中国的东北地区。即使不参军，也可以到别的国家投身于增产运动。这所学校本来就是提供粮食补给的学校，这个答案可以算作是标准答案了。

"那你为什么会报考我们学校？"

另一位老师问道。

"我想种花种草，观察美丽的自然生物。"

本来想着问题到此就结束了，但坐在最中间的校长开口说：

"你要成为画家吗？"

"是的。"

"你知道吗？学农业不仅是种花种草，有时候甚至要尝大便。"

"尝大便也没有关系。"

"不是让你尝自己的，而是化粪池里腐烂的东西。你应该不是能做这种事的人。"

"没关系，我可以的。"

"哦，我想不一定非要来这所学校，你也能尝到大便。不然试试其他学校吧。"

"哦。"

就这样，面试结束了。我心里有种不祥的预感。

我碰见昨天的那位考生，告诉他："我觉得自己会落榜。"

"不会的，所有人都能被录取。"

"虽说是所有人，但还是有一个人不能被录取吧。"

"不太可能，学校不会做这种不仁慈的事吧？"

听他这样讲，我也就这样认为了，觉得自己已经考上了。

考完试后，日子一天天过去，我的这种感觉越发坚定。正好这个时候，我的两个姑妈来大阪玩，我和父亲就带她们四处转悠。

　　我和两个姑妈在难波的高岛屋百货吃饭的时候，想起那天是放榜的日子。

　　父亲和我们说："我正好到学校附近办事，顺便去看看。你们在这里等我。"

　　"爸，我肯定通过了，不用看了。"

　　我自信满满地说。但父亲还是说："我去看看，你们在这里等着。"然后转身走了。

　　我和两个姑妈喝着苏打水，等了一个小时左右。这时，父亲回来了。

　　"怎么样？"

　　"找了半天，也没找到你的名字。"

　　"好奇怪啊。不可能的呀，爸，你会不会看错了？"

　　"我连榜的背面都看了，没有。"

　　"这样……"

　　"就是落榜了。"

本来在谈笑的两个姑妈，也安静下来了。所有的考生中，只有我一个人没考上。

"看来，不回答参加满蒙开拓义勇军，是不行的。"我小声嘟囔着。

父亲说："笨蛋，如果那样回答了，以后真让你去怎么办？"

听父亲这样说，感觉没有那样回答，也是一件好事。

我的父亲有些奇怪，所以我也无法判断。

不过，我还是依旧如此，永远都在掉队。

男性化的工作

　　考试科目只有一门，几乎所有人都能通过的考试，我却落榜了。继续上学这条路恐怕走不通了。就在我不知如何是好的时候，父亲因为工作的关系，被调到爪哇岛。母亲本来可以回境港，但因为我回去无事可做，决定留在大阪。这样一来，我就必须考虑住的地方和收入。

　　所以我决定先去找工作。

　　每天，我都会看报纸的招聘版面。一天，我看到松下电器在招聘工人。

　　我拿着报纸，赶往守口。

　　下了车，过了一条臭水沟，就是松下电器的工厂。

到了工厂，出来的是一个看起来十分圆滑的工头，和一个似乎刚毕业的年轻副工头。年龄大的工头和年轻的副工头首先对我进行了测试。他们让我将一堆东西像搭积木一样堆在一起，但最后倒了。我想可能没希望了，但他们却一言不发。我问："这样算合格了吗？"他们还是不说话。工头和副工头只是互相看着点了点头，却对我什么都不讲，只说"跟我们来"。我跟在他们后面，沿着走廊走。他们也没有明确告诉我是否合格。我是为了找工作而来，并且进行了入职测试，还被他们带到公司的走廊。我想，这就算成功入职了吧。

经过走廊，我们来到一个房间，里面有很多年轻的女工在工作。

我有些退缩了。

我生来就不擅长面对如此多的人。如果是昆虫、花草，再多也无所谓，但是人就不行了。如果是一对一，或是面对熟悉的人，那还好一些。但完全是不熟悉的陌生人，而且还都是女工（她们彼此熟悉，而且关系看起来还不错），我就有些不适应了。房间里大概有二三十个人，几十双眼睛盯着我。

她们的工作就是往木箱里装零件，之后，需要男工将盖好盖的箱子钉起来。

对她们来说，什么样的男工来这里工作，是她们最关心的。

但是，对我来说却并非如此。我想让工头说句话，于是看向他，但他已经走到离我三十米远的地方了。

于是我追上去，拍拍他的肩膀，叫住了他。

工头有点吃惊地看着我。那个年轻的副工头说："什……什么意思，你们很熟吗？"

"不是，我想问问，有没有男性化一点的工作？"

年轻的副工头听起来有些生气。年龄大的工头果然十分圆滑，说着："好，好。"

然后带我去了另一个地方。

这个地方可以听见嘭嘭的机器声，生产的是自行车灯的金属部分。巨大的铁板落在金属板上，被压制成型。

"怎么样，这个工作够男性化吧？"

"嗯。"

我的工作暂时是清扫停工的机器。我只是装模作样地打扫，然后偷偷观察其他人工作的样子。

我发现很多人都没有手指，有的人甚至连手都没有。打听后才知道，原来是他们将手和金属板一起伸进机器导致的。

这就是男性化的工作，稍有不慎，就可能失去手和脚。

傍晚工作结束的时候，工头和副工头又过来了。

他们问我："怎么样？"

"感觉这个也不行。"我回答道。

年轻的副工头说："啥？"然后握紧了拳头。工头还是老样子，说："行了行了。"想要缓和气氛。一阵沉默后，我开口说："我做不了这个工作。"副工头看起来很生气，准备上来打我。我也做好了打架的准备。但工头站到我们中间，继续说："行了行了。"然后用手指着头画圈，说道："这个人脑子有问题。"

原来是这样啊，副工头不正常。我想就不和他计较了，勉强露出了微笑，然后回家了。

　　回到家后，我越想越感觉不对，才发现工头说的脑子不好的人，不是副工头，而是我。这种情况下，我还露出微笑，似乎更有问题了。

　　于是，我辞去了松下电器的工作。不对，我都不知道我到底算不算进入了松下电器。

赤脚送报纸

　　我又开始在报纸的招聘版面寻找招聘信息，看到了送报纸的工作。

　　送报纸就是一直走路（我小时候就是孩子王，又擅长游泳，走路对我来说不算什么），而且管吃管住，父亲去爪哇岛以后，我就不用担心住的地方了。

　　我认为没有比这更好的工作了，所以决定送报纸。

　　配送站位于西淀川区的塚本站附近。车站附近可能比较难找，不过可以向别人打听。于是，我坐电车到塚本站，没用向别人打听，很容易就找到了。当时，塚本站周围一片荒凉，最显眼的就是"每日新闻"的招牌。

在招牌下面，站着一个脸长得像栗子的大叔。我想，他可能就是老板。我发现他也看着这边，虽然离得很远，但互相看到了对方。我们对视后，大叔朝我笑了笑。

　　来到配送站，那个脸像红栗子的大叔说："我一看你出站，就觉得你是来我们这里的。"就像一位高僧，能够心领神会。

　　栗子大叔马上带我上二楼。二楼有五六个配送员，都住在这里。我即将加入他们。

　　第二天凌晨三点半，天还黑着，在脏被子里熟睡的我，就被叫醒了。

　　这么早被叫醒，虽然起来了，但我的大脑还处于睡眠状态，就像被打了麻醉药一样。不管外面是冷，还是刮风下雨，我都感受不到。一天早上，我送完报回来，发现自己没有穿鞋。老板栗子大叔看到后，大吃一惊。

　　送报的过程中，最有趣的就是，每家每户的门都关得很严，报纸却可以投进去。

最开始的几天，我和前辈一起送，我要记住订报纸的人家。带我的是一个朝鲜族的年轻人，他在教我各种东西的同时，灵巧地将报纸塞进缝隙。一些我觉得塞不进去的地方，他都能很顺利地塞进去。

因为我觉得很有趣，所以只花了三天，就记下了订报纸的三百户人家。只要记住了订报纸的人家，保持麻醉状态不断走动，就能完成工作。从麻醉状态恢复的时候，就是工作完成的时候，还挺轻松的。

工作熟练后，送晨报到送晚报的空闲时间里，我感到有些无聊。看到我这样，作为前辈的朝鲜族年轻人对我说："你可以去学校啊。"

我觉得他说的有道理，就报名进了在报纸上做广告的 YMCA 英语学校。一周只上两次课，但我没有学习热情，所以很快就放弃了。

配送员中，有两三个是栗子大叔的亲戚，一个是关西大学来兼职的学生，就是那个朝鲜族的年轻人。他在工作上是我的前辈，生活里也会给我很多建议。

他还给我推荐了土手烧。这应该是用猫或狗的肉做成的肉串，然后用味噌烹煮，味道好极了。而且一串只要两日元。这在当时来说，非常便宜了，所以我觉得是用猫或狗的肉做的。

他邀请我说："去吃土手烧。"我就跟他去了。

那时，报纸上的新闻，有很多和战争相关的内容。

欧洲的希特勒得势，日本在中国进行战争。报纸经常出号外。

现在，我们可以在电视或广播上发布临时新闻，在那时，需要配送员在腰间挂个铃铛，一边当当地摇铃，一边喊着"号外，号外"，送临时报纸。这种报纸只有普通报纸的一半或四分之一大小。

号外最重要的就是时效性。我们必须要比对手《朝日新闻》配送得快。如果说号外的内容是战争，那么配送也是一场战争。对配送员来说，一直跑来跑去会体力不支，没多久就变成走路。这时，老板栗子大叔会骑车在配送区域内转来转去，大声激励我们："跑起来啊！别输给《朝日新闻》。"

当然，《每日新闻》的配送员也在奔跑。

和我送同一区域的还有一个朝鲜人，也是大学生。他应该是个穷学生，送号外的时候，只要遇见我，他就会从他那营养失调的身体里挤出一句富有哲理的话："我们必须为了面包奔跑。"他总是一边说着一边跑，不知道是说给自己听的，还是说给我听的。

送号外很辛苦，增加报纸订阅量的"扩张"也很辛苦。

送《朝日新闻》的朝鲜穷学生可能没有掌握要领，在扩张的过程中，每次都晚我一步。搬来这里的人，一般都会订阅《每日新闻》或《朝日新闻》，谁先发现了新搬来的住户，谁就获胜。我经常看到穷学生落寞的身影，正站在我前一天投过报纸的住户门口。

"扩张"也有旺季，比如换工作频繁的春季，我们就会十分忙碌。在送报纸之余，我会在自己配送的区域来回转悠，以试读为借口强行投放报纸，形成已订报的既定事实。如果成功增加订阅数量，就能拿到奖金，但如果不能收回强行投放的钱，就要从工资里扣除。所以很不容易。

有一天，我发现一家正在建新房，想着要比《朝日新闻》快一步投放，就直接将报纸扔进了门口。

随后就听到"啊，啊"的叫声。我过去一看，发现报纸被扔到了泥瓦匠刚铺好水泥的玄关地面上。我慌忙要把报纸拿开，泥瓦匠大声呵斥道："不行，不行，会留下脚印的。你这个笨蛋！"

我一直道歉，骂自己是笨蛋，所以对方就没再说什么。

就在"扩张战争"日渐激烈的时候，《每日新闻》展开了新的企划，要让"日本号"飞机环游世界，并以此为契机，令《每日新闻》声名远扬。

按那时飞机的性能来说，环游世界是十分冒险的。

配送站的老板栗子大叔也干劲十足，把所有配送员聚集到中华料理店，和我们说："'日本号'为了宣扬国威，环游世界，各位也要为了国家不断推销报纸。"

因为老板请吃了饭，所以大家都想努力试试看，但报纸的订阅量已呈饱和状态，想要增加十分困难。没办法，只好到配送区域外去推销。

"我们已经订了《朝日新闻》，不需要。"

"《每日新闻》的'日本号'为了国家环游世界。现在不订《每日新闻》，就是叛国贼。"

虽然有点无厘头，但在那时，"叛国贼"这个词比现在的"民主主义""人权"作用更大。所以我也"不小心"地用了。然而，对方连玄关都没出，只听声音从房间里传来："叛国贼也无所谓，赶紧回去吧。"我大声喊着"叛国贼"，就准备回去。这时，从里面冲出来一个中年大叔和一个小伙子,呵斥道："刚才说'叛国贼'的是不是你这小子?"

"不是，那个……我只是个送报的，刚才碰到一个推销报纸的，应该是那个人说的吧。嘿嘿……来，晚报。"

我就这样语无伦次地逃走了。

小偷和流行歌手

　　世界上虽然有小偷，但是现实中却很少见到。我小时候，家里进过贼，在玄关留下了一坨巨大的粪便，我想，这就是小偷们共同的护身符吧。那坨巨大的粪便超过了常人的，所以我认为小偷都很神秘。

　　我真正见过的小偷是熟人作案，像江户时期将军的直属家臣，先住到一处进行勘察，然后再下手。这个小偷就是先成为配送员住进来的。

　　他称自己为神田，是个白皮肤，身材纤细的像凉粉一样的男人。

　　我和他去过一次咖啡馆，他卷起舌头点了 water，而且还要了两杯。

Water 等英语，在当时算敌性用语，是不能使用的。
他还会用招女生喜欢的方式抽烟。用当时的话来说，
就是没有男子气概。他的走路方式也充满了大都市的
倦怠感，和非常时期不相符。在我父亲的年代，这种
人被称作摩登男孩。他真是一个奇怪的人，让人不禁
想，是不是从我父亲那个时代过来的人。

　　他总是在白天装睡来观察目标。他的目标就是那
个差不多和他同时进入公司，梦想成为流行歌手的年
轻人。那个年轻人从农村来到大阪，做好了吃苦的准
备，立志成为歌手。他的行李就是一个包袱，看起来
似乎装着军费，所以神田才把他定为目标。第二天，
我送报回来，看到包袱从二楼飞下来，然后有人从楼
上飞一般地跑了下来，那个人就是神田。

　　我问怎么了，他也不回答。就在这时，我看他卷
起包袱，像兔子般逃走了。那个包袱就是要当歌手的
那个年轻人的。

　　"抓小偷！抓小偷！"我大喊着追出去，却发现
早已看不到神田的身影。我想，他可能会往淀川大桥

的方向跑。我擅长跑步，就迈开步子穿过淀川大桥，来到大阪站，但并没有抓到他。

没办法，我只好回去。因为来的时候有目标，所以没什么感觉。回去的时候，却发现这段路很漫长。而且我没带车费，只好在附近的《每日新闻》配送站借了十日元。

回去之后，我告诉大家神田是小偷，却没有一个人对此感到吃惊，只有我很兴奋。对我来说，小偷就像妖怪，非常神秘，所以即使没有人要求我，我也会全力以赴抓小偷。

那个"歌手"显得无精打采，于是我安慰他说："不如放弃歌手这条路吧。"

没想到他说："你出来说。"

"怎，怎么了？"

"你是不是在侮辱我？"

本以为他会打我，但丢失行李对他的打击更大，最后就不了了之了。

日子这样一天天过去。有一天，我看到报纸上刊登了日本工业高校采矿科招生的广告。如果在这所学校上完两年学，我就二十一岁了，之后再去东京的美术学校读书也可以。

于是我马上参加考试，竟然合格了。

入学后，我发现这所学校是教授采矿技术的学校，讲的全部都是与矿石有关的令人厌恶的课程。这所学校是为了响应煤炭增产的国家政策才招生的，所以入学考试有名无实。知道这一情况后，我每天上课都会打盹儿。

老师用粉笔砸我，我也不起来。之后用板擦砸我，我也无动于衷。直到其他学生的笑声，才让我睁开眼睛。

自然，我的成绩也不好。

老师把几个英语成绩不好的学生叫到办公室，我就是其中的一个。

"你们都在干嘛？你们的同胞可都在战场上流血战斗。"

"哦……"

"如果你们认真学习，怎么会考零分？"

"哦……"

"有什么理由就说出来啊。"

我觉得必须要说点什么。

"就算学了英语，也不会去美国挖矿。我们的军队要去东南亚，那里好像产锡矿，所以今后我们别学英语了，学马来语吧。"

"真是个白痴，这又不是你能决定的，你一个人在这给我罚站。"

英语老师气得满脸通红，其他老师哈哈大笑。

不只是英语，我其他科目的成绩也不怎么样。我想是不是又要像之前那样被劝退了，有种不祥的预感。

回到配送站，我想着要不要拿出决心，认真学习。但其他配送员把我的书藏起来，调侃我，让我完全没有学习的劲头。

我们的班主任是教画画的，他对我说："你不太适合学习，不然走画画这条路怎么样？"那时候，父亲结束了爪哇岛的外派工作，回到了大阪。

父亲在甲子园口租了房子，母亲也从境港来到这里，我开始和他们住在一起。我的哥哥和弟弟都顺利地上了学，住在学校宿舍。

这次搬家有些手忙脚乱，我本来只请了两三天假，最后竟然拖了一个月，变成了长期旷课。最终，班主任给父亲寄了一封信。

大意是说，您的儿子还是去好一点的绘画学校学习比较好，就算以后进了矿山，恐怕也坚持不下来。

知子莫若父。父亲能心平气和地看待我的落榜和中途退学，而且还会继续怂恿我。

"怎么样，不然就退学吧？"

这句话，最终还是让我从第一次考上的学校，没等到毕业就退学了。

这样一来，我每天无所事事，很是无聊，就在附近的旧书店看书。

也就是从那个时候起，我开始关注哲学。

那时，日本在侵略中国，并且马上要和美国开战。我想，这样继续下去，很有可能在战争中死掉。所以

也会像其他人一样，思考何为人生。但我是掉队王，比起自己思考，我选择了捷径，借鉴伟人的想法。

在读书的过程中，我发现每个人都有自己的意见和想法，很有趣，所以我看到什么就读什么。

但是读的书越来越多，我发现每位作者都在大肆宣扬自己的理论，一时间，我也不知道哪种意见好。

我在想，有没有一个人能让我眼前一亮，为此，我翻看了很多哲学家和文学家的作品，如基督教教义，尼采、叔本华等人的著作。在读的过程中，我和爱克曼的《歌德谈话录》相遇了。这本书写得很平实，我觉得不错。之后，我将岩波文库中爱克曼的著作都找来读。去参军的时候，我也带了几本。

我沉浸在读书中。很快，亲戚们知道我每天无所事事，只知道读书，就开始担心我，给了我很多建议。

"如果你想画画，大阪有个叫中之岛洋画研究所的地方，你去那里吧。"

的确，我这样下去也不是办法，就去了洋画研究所。

我每天在研究所素描石膏像，回家画风景油画。我一直有一种预感，不出两三年，就要去参军打仗了。原本喜欢画画的我，无法全身心投入其中。面对可能到来的死亡，我觉得现在不是画画的时候。

　　人们经常进行防空演习，还学习拳骨体操（为了强身健体，保卫国家而发明的奇怪的健身操），周围笼罩着一种奇怪的氛围。我家前面就是东海道线，车辆满载着前往中国战场的士兵，经过我家门前。士兵们像牛和马一样，面无表情，看起来很寂寞。我想到自己很快也要变成那样，生活就变得无趣起来。

晚上头脑清醒，干脆去读夜校

父亲的叔叔中，有一个三十岁在巴黎英年早逝的画家。他有一个画家朋友，叫锅井克之，住在阪急电车的轰木站。我平时会把在中之岛洋画研究所创作的素描作品拿给他看，但在死亡临近之日，我却一直胡思乱想，停不下来。

从研究所回家的路上，我顺便到旧书屋找书。不过，哲学之类的书，现在看已经来不及了。我都是看与死亡有关的怪书。比如《大虚图说》（讲述中国神秘事物的书）、《尸体写真集》（德国法医学的书，汇集了犯罪、事故、自杀等相关照片）、《蒙克画集》（北欧神秘派画家的作品集）。我从小就开始收集博斯、勃克林等超现实主义画家的作品，大概有七十多本，一直会翻看。看着看着，心情就变好了。

死期将至，我对在研究所搞基础素描也渐渐失去了耐心。我想，如果不赶紧进入美术学校，就可能被抓去参军。不过，想进美术学校，就要先从中学（相当于现在的高中）毕业，或是拥有同等学力。我之前从矿山中学中途退学，因此必须再去上一所学校。正当我一筹莫展的时候，看到报纸上刊登的日本大学附属大阪夜间中学开始招生的消息。

早上睡不醒，但到了晚上，我的头脑就会比较清醒，所以没什么问题。于是我报名参加了考试，没想到又考上了。战争临近，不是上学的时候，读夜校的人就更少了，所以我才能被录取吧。

入学之后，每天从傍晚开始上课，我也不会迟到。我窃喜，原来这么轻松。我一直认为晚上不会进行训练（在学校进行的军事化训练，这在当时也是一项课程），但事与愿违，这里的训练更严格。分配到这里的教官（为了训练学生，派遣到学校的军人）特别有势力，用当时的话来说，这是一所非常时期氛围浓厚的学校。

天气炎热的时候，我有一次没戴制服帽去上学，立刻被管纪律的老师抓住。但因为没有晨会，所以他在晚例会中训斥道："大家看看，在这种非常时期，居然还有学生这样松懈懒散，不戴制服帽来上学，大家都好好看看。"

我当着所有人的面被罚站。

我发现这所学校并不有趣，之后上课的时候，我开始看和课本无关的、从旧书店找来的奇书。战争似乎越来越激烈，不仅在中国，还扩展到了越南。我每天在车站都能见到那些出征的士兵意气风发的身影，他们在军歌声中被送走。但我想，他们的内心绝不可能是意气风发的。送行的人中，能看到他们的妻子和幼小的孩子，这也许是他们见的最后一面了。当时，还不了解政治和社会的我（虽然现在也不是很了解），仅凭这种残酷性，就对战争抱有疑问。也许在不久的将来，我就会成为那些出征的士兵中的一员。

报纸和杂志上随处可见对军人和军队的赞美。

镇上到处都能看见练习拳骨体操的人，以及频繁的防空演习。

到了晚上，还要进行灯火管制，连灯都不让开。

街上唯一的娱乐活动就是千人针。

所谓千人针，就是一千个人，每人一针缝成的腹带，人们认为这样做成的腹带是刀枪不入的护身符。（这到底是谁想出来的？）

电影院放映的电影只有《西住战车长传》之类的。

街上的女学生都不穿裙子了，改穿束脚裤。

点心店也不卖点心了，因为糖是配给制。

我每天都过得很绝望。在考代数的时候，我想，反正也写不出正确答案，就写了"阿门"。

对我来说，这是我真实的想法，但我很快被叫到校长办公室。

秃顶的代理校长批评我说："你写'阿门'是什么意思？"

"哦，就是字面意思啊。"

"开，开什么玩笑！"

秃顶校长火冒三丈，罚我绕着操场跑一圈。

酒也是配给制，老师们不能在下班后小酌。

大家都积怨很深，心情不好，所以没法理解我的幽默。

《中国通信》

在非常时期，连外出游荡的自由都没有了。没有参军的年轻人和女性，都被强制征用，在工厂生产飞机零件或子弹。

我白天无所事事，到处闲逛。町内会①对此有了意见。我想，如果不找点事做，可能很快就会被征用。这时，一位白天工作的同学和大家说："我们公司在招聘配送员，有没有人愿意去？"

"我去！"

公司位于中之岛一栋破败的楼里，名字叫"中国

---

①町内会是日本一种传统街坊的居民自治组织，类似于中国的居委会。

60

通信"。公司主要发行油印报纸，为贸易公司提供有价值的信息，例如中国商品的市场状况、行业信息等。我的工作就是每天配送《中国通信》。

一个自称是分公司经理的年轻男子对我进行了面试。他说："你想要多少钱？"

他问的应该是工资，我总不能说一百万，就随便说了几句。对方似乎明白了什么，说："我知道了，就和别人一样吧。"

月末，我拿到了十五日元，大概相当于现在的五万日元，和其他夜校学生的工资差不多。

公司除了经理，还有一个不知道是秘书还是事务员的女性，她和经理的关系很好，总是狐假虎威，对同辈的我颐指气使。

她像使唤奴隶一样，让我打扫垃圾桶。我有些无法忍受，就尽量在外面送报。

我骑着自行车，把《中国通信》送到每家公司。我对自己的体力很有信心，之前也送过报纸，所以并不讨厌这份工作。我还可以顺路做很多事，比如碰到旧书店，我一定会进去逛逛。开了工资，我会去买书。

休息日，我一般是散步和写生，还会去宝塚。

宝塚从那时起就是关西的一座综合性娱乐城市，以动物园和少女歌剧院为中心，修建了各种娱乐设施。

我很喜欢动物，会混进在战争中享受休息日的家庭，兴奋地看大象、猴子、海狗，参观昆虫馆。

我还喜欢看少女歌剧。

歌舞伎是男人的世界，男性扮演了女性的角色；宝塚是女人的世界，女性扮演男性的角色，而且大多数观众也是女性。

身为男人，我却十分喜欢宝塚，看起来也许有些奇怪，但我确实特别喜欢。那里华丽绚烂，和军国主义的世界相距甚远，而且以女性为主，仿佛是另一个世界，十分有趣。

芦原邦子、越路吹雪、井枝垂和乙羽信子，她们都是很优秀的演员。

到了宝塚公演最后一天的演出日，现场热闹极了。无论是舞台上的演员，还是台下的观众都非常兴奋，尖叫声不断。因为女人很多，场面很是壮观。我坐在第一排观看，好几次差点被涌来的人浪压倒。

我有一个战友是宝塚的工作人员。战后，在我成为漫画家之后，因为他的关系，我在宝塚游乐园做了"妖怪大会"的企划。美女和妖怪虽然有很大的区别，但也说明我和宝塚之间有着很奇妙的缘分。

日子就这样一天天过着，战势也愈发激烈。

帝国陆军和海军在太平洋与英美两军交战。广播中插播的临时新闻伴随着军歌。令人担忧的日美谈判最终破裂，两国开战。战场已不只是中国，而是遍布全世界。

军歌一旦响起，町内会就会召集大家开会。

町内会组织的防空演习也越来越频繁，还有像传递水桶，挖地洞等训练，越来越难熬。当时的空袭并不频繁，我十分懈怠，但如果被町内会的领导抓住，他就会到处宣扬我不是日本人。

我在推销《每日新闻》时用过的手段，这次却被别人用到了自己身上。没办法，我只好和父母在家里挖地洞，装作非常时期百姓的样子。

学校的情况也发生了变化。

国语老师不再以"我"自称，而是说"鄙人"。鄙人的老师不上课，这一点我很感激他。他会在上课时讲他是骑兵大尉时的英勇事迹。

而光头的代理校长不知是怎么想的，让学生系上有"日之丸"①图案的头巾跑步。说是为了培养强壮的身体，为天皇做贡献。其实就是想让大家把身体练强壮，然后到战场送死。为了死而变得健康，几乎没有比这更白痴的事了。

我的教官是一个退役上尉。他突然像变了一个人，眉毛上挑，他一定是想自己的时代马上就要来临了。

下雨天，教官也让我们呈伞型散开，而此刻大家更想有一把雨伞。然而更不幸的是，在满是泥的校园里，教官喊："趴下！"

如果真有子弹飞来，就算不想，大家也一定会趴下。但面对发号施令的教官，谁都不想趴在泥地上。

①指日本国旗。

如果遇到大雨，无法在外面训练时，教官就会在教室对我们进行精神教育。

　　教官会拿着不知道从哪里买的、如同魔鬼的铁棒般的大粗棒，在讲台上怒吼着，自导自演《血之三叉路》的一个片段。这个故事讲的是一群士兵原本不会死，但他们浩浩荡荡地冲进三叉路，最后送命的故事。如果教官看到学生露出疑惑的表情，会敲响大棒，就没有人敢提问了。

　　体操老师也不甘示弱。

　　他希望我们通过运动锻炼身体。我早晨送《中国通信》的时候，已经充分运动了，晚上不需要在探照灯下的运动场上继续锻炼。但如果我稍有松懈，体操老师就会过来。

　　"你在干吗？"

　　他会罚我绕着操场跑一圈。

　　"我们读夜校的学生，不是不需要运动吗？"我问。

　　结果老师骂道："你怎么这么多问题，你不知道'不言'吗？"

"不言"的意思是不抱怨，只有默默战死才是优秀的年轻人。

忠于命令，只做不言，不能有任何疑问。当时是年轻人，现在已经是中年大叔的战时派，很多人有事不肯明说，总是含糊其辞。我想，就是受到了"不言"教育的影响，上了年纪，舌头还是不灵活。

报纸和广播里，也有官员的训话，讲着在斯巴达，母亲会对即将上战场的孩子说"别活着回来"，为国捐躯是年轻人的特权等之类的东西。

年轻人就像被全国人民威胁着赴死一样。

日常的娱乐活动也渐渐变少，虽然有电影放映，但都是战争片。读书成了年轻人的慰藉，其中哲学书销量最好，反映了年轻人对生死现状的烦恼。我也一样。

这时，我已经无心继续在美术学校学习，觉得召集令的到来只是时间问题。我心神不宁，每天埋头读书，变得更加焦躁不安。

因为头脑昏昏沉沉，所以总是做错事。

有一天，我看着书走到乌冬面馆，直接说："给我来个妖怪。"

"妖怪是什么？"

"妖怪乌冬面。"

"是狸子乌冬面吗？"

"对，是狸子。"

这种事经常发生。

就这样，又过了两三个月，召集令终于来了。装在红色的信封里，被称作"红纸"，让人觉得有些恐怖。亲戚和从部队回来的人都给了我很多忠告。

首先是眼镜，因为一不小心说错话就会被长官打，所以眼镜经常会坏，一定要带备用眼镜。然后是牙齿，因为被打的时候会咬紧牙关，所以必须提前补好蛀牙。我赶紧去找牙医，不过当时已经快到出发的日子了，牙医在很短的时间帮我治好蛀牙，真是疼死了。

我是掉队兵

　　我的户籍所在地是鸟取，所以被分到了鸟取连队。

　　在学校都觉得辛苦的我，到了部队更吃不消了。

　　刚开始的时候，我生性悠闲，凡事都要慢慢来。但其他新入伍的士兵都会小心翼翼，只有我看起来十分从容，一等兵和上等兵这些老兵误以为我是将校而照顾我。他们会带我到将校用的澡堂洗澡，还会帮我搓背。不过，他们很快就发现了我的真实身份，让我吃尽了苦头。

　　入伍没多久，就开始新兵教育，我经常挨耳光，还被罚在鸟取砂丘跑步。

到了休息时间，大家都在原地就座。眼前就是大海，而我喜欢游泳，所以会跳到海里游泳。休息时间结束后，要马上背起装备继续跑。我浑身都被海水浸湿了，又要背着装备，回到宿舍，立刻就晕倒了。有人用水把我浇醒，让我恢复了神志。不知是谁扇了我一巴掌，我又晕倒了。

每天早上点名，我也很辛苦。我去厕所，一直慢慢悠悠，因此点名的时候总是迟到。也就是说我到了部队，过得也是顺应自然规律的生活。

"还差一个人，有人逃跑了吗？"

听到长官喊话，我才慌慌张张从厕所向集合的地方跑。

我每天都被扇耳光。

大家渐渐觉得拿我没有办法。早上点名的时候，上等兵会提前五分钟悄悄叫我起床，然后耐心地帮我穿好军装。

这样的结果并不让人满意，所以长官又派我去吹号。吹号兵在打仗时很辛苦，不过在营区的时候，会稍微轻松些。但我从来没有吹过号，一直吹不出声音，又被罚绕练兵场跑了一周。

没办法，我只好找到负责人事的曹长说："能不能不要让我当吹号兵了？"

"嗯，可能是有点辛苦，你再坚持坚持吧。"

又过了几天，我还是吹不响。于是我又跑到曹长那里，但得到的还是和之前一样鼓励的话语。

第三次时，曹长说："好吧，那你别干了。"

"谢谢您。"

我正准备回去，曹长却问了我一个奇怪的问题。

"哦，对了，你喜欢南边还是北边？"

"啊，我喜欢南边。我生来就讨厌寒冷。"

"不用说那么多。你喜欢南边，南边啊……"

第二天，上等兵叫我过去。

我问："有什么事？"

他说："你被分配到东南亚的一线参加战斗了。"

"啊？！"

我最后去的地方是拉包尔①。这个位于日本南边的海岛，船只在未抵达之前，可能就会沉没。即使能够抵达，能活下来的士兵也没有几个。就是这样一支哪怕葬身海底也要登岛的军队，我被选为其中的一员。

临走之前，军队允许我们休息四天三夜，于是我打算回境港看看。父母也回了境港，他们听说我要去东南亚，而且还是赤道以南的地方，有些难过。我们在一起吃了一顿大餐。那顿饭，我吃了很多。饭后，我们在饭米子市街散步。

到达军营的时候，归营的号已经响起。如果在这之前回到连队，就没有问题，但我正好在号响起时才到，这就有问题了。中队长在他的屋里对我进行批评教育。

当天，我们准备动身去东南亚。连队本部的一位上等兵，人很好，他悄悄对我说："这次去的地方，估计没有人能活着回来。"

①巴布亚新几内亚的一个城市，位于新不列颠岛。在二战期间是美军和日军反复争夺的要地。

"去哪里？"

"离瓜达尔卡纳尔岛不远的地方。"

提到瓜达尔卡纳尔岛，我就会想到饿死。我说："想活着回来还真困难。"那个善良老实的上等兵又说："是啊。"而接下来的那句话，比参谋部的命令更让人绝望。

"不过，据参谋部的确切消息，运兵船在到达目的地之前，就很可能沉没。"

我想，这下完了。

我坐在车上，眺望周围的景色，发现实在太美了。透过车窗看到的风景，让我觉得这是我最后欣赏到的美景。外面的风景像一幅名画，有着永远也无法到达的美丽。

据说死刑犯在临近刑期的时候，记忆力会变得非常好。不知是不是因为这个原因，我觉得过去发生的事都很值得怀念。我身旁的老兵，一直在聊关于女人的话题。

如果大家聊"日本到底会不会打赢"这样的话题，就会被关进"重营仓"，也就是军队里的监狱。因此，士兵们聊的话题，也就剩下食物和女人了。

我们到帕劳，乘坐的是一艘勉强能叫船的船，当然，这还只是从外观上看。船舱内被三层的架子床塞得满满当当，躺下后都无法翻身。

到了帕劳，就开始徒步行军，中途有人倒下。我们在傍晚到达了破旧的军营。

新兵必须给老兵洗衣服、做饭，还要张罗其他一切杂事。

木柴要到丛林里去砍。树上有巨大的蜗牛，看起来和海螺差不多大。

有人问谁能把蜗牛吃掉。我想到法国菜里有一个很高级的菜，叫焗蜗牛。我第一个站出来把蜗牛烤着吃了，味道和贝类差不多，非常好吃。不知不觉，我就吃了十个。

我们在帕劳待了一段时间，然后又登上了那艘不知什么时候会沉没的破船。

老兵能睡在比较凉快的甲板上，新兵只能睡在船底操作室旁，那里又热又闷，非常难受。在船上，我们连水都无法自由享用。破旧的水槽似乎有海水渗入，又咸又涩，无法饮用。

我们的食物是能够长期存放的脱水蔬菜，而且不知为什么，全是胡萝卜。我们又不是马，偶尔也想吃点芋头或白萝卜，但一日三餐基本就是胡萝卜。

船以7海里的速度缓慢前行，这个速度正好成了敌军潜水艇鱼雷的目标。傍晚，我们在视野较差的海域遭到了攻击。鱼雷拖着白色的轨迹向我们逼近，就像朝自己射来的子弹一样，十分恐怖。就算我游泳游得再好，船在太平洋里被击沉，我活下来的希望也很小。

躲过每晚的鱼雷攻击，半个月后，我们终于看到了海岛。

"哎呀，真开心。"我正暗自高兴呢，周围突然喷出水柱，船剧烈摇晃。是空袭！

我们很幸运地躲过了一劫，终于在拉包尔登陆。这次的拉包尔之行深刻地诠释了"九死一生"的含义。

在我们前面和后面的船只全部被击沉，之后，再也没有派到拉包尔的军队了。

也就是说，我们是被派到这里的最后一支军队。

我们这支队伍，到战争结束，是整个拉包尔军队中地位最低的。

因为没有补给船过来，我们的伙食非常糟糕，吃的都是树根等难以想象的东西。老兵如果心情不好，还会殴打新兵，被打的新兵很多因为腿无法用力，倒地不起。

在拉包尔，总部的状况还好。而我作为被淘汰到这里的士兵，在这里依然被看作是被淘汰的人，很快就送到离总部很远的人迹罕至的海岛去了。

那里离敌人很近，离伙伴很远。我一只脚几乎已经踏入了另一个世界，也就是常说的死亡之地。

靠近海的地方有一座小山，那里由一支两三百人的中队把守。

空中经常能看到飞机，不过不是日本军队的飞机。稍不留神，就会被机枪扫射成蜂巢状。

岛上的河里有鳄鱼，如果将注意力集中在天上，就有失去下半身的可能。

刚到这个中队的时候，我的状态还不错。中队长对我说："你是不是会画画？"我还在想为什么会问这个问题，对方就提出让我做花牌。因为岛上没有什么娱乐活动，将校们只好玩花牌。牌经常丢，就让我来画。

我很快就画了起来，中队长很高兴。我觉得这是个好机会，就在挖战壕的时候很懈怠，惹了麻烦，我又被淘汰了。我从离敌军较近的中队，被派到离敌军更近的先头部队。

所谓的先头部队，是由兵长指挥的十人左右的小部队。兵长可能认为我在这些人中是最差的，所以让我走在队伍的最前列，比大家离敌军近三十米左右。也就是说，如果敌军出现的话，我会最先牺牲。大家都可以逃跑，而我必须面对死亡。

一天晚上，我们住在利利鲁。那里有着像复活节岛石像一样的木像，隔两步就会有二三十个排成一排。当地的土著人全都逃走了。

月光照射在木像上，十分恐怖，让我觉得好像到了地狱。经过古马村，穿过叫参普恩的村子时，我在河边把衣服洗了。我在石头上晾兜裆布时，被敌军发现了。他们用机枪扫射。后来，上等兵将我打了一顿。我感慨到，原来空中都能看到兜裆布啊。

我们奇迹般地没有与敌军相遇，到达了狭小的军营。感谢上帝，让我度过了两三天的悠闲时光。

一天晚上，我在离军营大约五十米的地方站岗。因为我喜欢大海，所以站岗的时候一直盯着大海看。不想敌军从山那边偷袭。等我发现的时候，已经是枪林弹雨，我无法动弹。不过，敌军可能误认为我是什么英雄，才对我集中扫射吧。

我觉得不能这样等死，就跳到了海里。子弹打在我周围的海面上，形成白色的水雾。我无法上岸，就想尝试游回中队，但运气不好，有个岬角横在我前面。绕过它可是一个大工程，而且因为洋流的关系，我游了没多远，就遇到了漩涡，就像鸣门海峡^①漩涡的缩

---

①鸣门海峡，位于日本德岛县鸣门市和兵库县淡路岛之间，以满潮与低潮时发生的鸣门漩涡而闻名。

小版。

　　眼看着要被漩涡卷走，我努力抓住岩石，却把最重要的枪弄丢了。敌人的扫射虽然停止了，但岸上肯定还有敌军。不过比起敌人，眼前的漩涡更恐怖。我爬上了不容易被敌人发现的断崖，故意向没有路的方向走。走到了一片完全没有人的海岸，这里似乎没人来过。而脚上那双结实的军靴，在两三个小时内就破了洞。

　　晚上，我游到了参普恩村，上岸走到断崖的时候，发现远处有三个火把。这时又不能回去，为了不让对方看见，我吊在断崖上。听脚步声应该是三个人，但无法分辨是敌人、同伴，还是土著人。断崖上的风呼呼地刮着，让我有一种即将死亡的感觉，但我最终还是活了下来。

　　第二天，我经过古马村的时候，副酋长过来问："你是走海路还是山路？"我觉得这个问题很奇怪。这时，远处有两三个拿着竹枪的土著人走来。我觉得越来越奇怪。副酋长说："走山路。"我说："好。"然后就跑了起来。我觉得不对劲，脱了衣服，拿着短枪，跳进了海里。

从海里望向另一个村子，看到大约四十个土著人拿着竹枪。我想：这肯定是来抓我的。

于是我决定一口气游到中队。但仔细想想，这个方案特别危险。因为中队前面的河里有鳄鱼，会被吃掉。这里的鳄鱼和动物园的鳄鱼不同，它们不仅速度快，而且非常狡猾。它们在袭击猎物之前，是绝对不会现身的。

海里还有鲨鱼，我特意将兜裆布留了很长一截(据说鲨鱼不袭击比自己长的动物)。海面上漂浮着许多椰子，即使露出脑袋，也分不清是椰子还是脑袋。

从海里看陆地上的风景，别有一番景致，天空中的积雨云也十分美丽。

但不知道为什么，岸上那三个拿着竹枪的土著人，行走的速度和我游的速度一样。

"不会是发现我了，然后跟着我走吧？"

已经几个小时了，他们依然在跟着我。我想，一

定是被发现了。他们要抓住我，把我交给敌人。不知道他们能拿到多少钱。

他们会不会在我体力耗尽，靠近陆地的时候，用竹枪叉我。我这样想着，就到了傍晚。

天色昏暗下来，我们渐渐看不到彼此了。

我十分疲惫，上了岸，不知道为什么，感觉自己的脚和腰都不听使唤。没办法，就趴在桥下睡着了。

不过，我只睡了二三十分钟。起来的时候，夕阳还挂在天边。我光着脚，在陆地上容易被石头绊倒，但海里有珊瑚礁，也没办法正常行走。于是我走在陆海交界的地方，很顺利。

天色渐渐变暗，藏在树林里的土著人举着昏暗的火把出来了。火光映出了我的身体，他们将火把扔过来。同时，土著人的手指已经碰到我了。我吓得赶紧往海里跑。海底都是珊瑚礁，密密麻麻的珊瑚像锯子一样，一会深，一会浅。我拼命地跑，到了海里，已经遍体鳞伤。我浑身是血，夜光虫聚集在我的伤口上，映照出一个人的轮廓。我往岸上看，发现土著人准备乘两艘独木舟过来。如果他们划船过来，我肯定无法招架，因为我已经浑身是伤了。我又游了一会儿，发现一根直径二米左右的木头向我这边漂来。我想，可以藏在木头后面上岸。游近了一看，发现木头中间是空的，人可以站在里面行走。

土著人那边传来一阵骚动。上百个土著人，只要被其中一个发现，我就难逃一死。因为我离他们只有十米左右。

幸好是晚上，可以躲进椰子林。不过，还是可以清楚地听见土著人的声音。椰子林里有很多掉落的椰子，很容易被绊倒。每当被绊倒时，我都以为被发现了，环顾四周，却什么都没有。椰子树的形状看起来就像土著人。我走走停停，走了大约有十分钟，终于逃进了山里。准备休息一会儿，却听见前方传来了沙沙的声音。

这下被发现了，我想。

还能听见呼呼的呼吸声。

我想，这下完了，一定是拿着竹枪的土著人发现我了，不禁吓出一身冷汗。就这样对峙了大约三十分钟，我的心脏怦怦直跳，十分痛苦。

幸好我随身带着短剑。"哈！"我吼了一声，拿出短剑。

"哼哼"，传来了猪的叫声。

和我对峙了三十分钟的竟是一头猪。不过，它的颜色是黑色的，像是野猪。曾有土著人被野猪咬断手，因此不能大意。

我在漆黑的山林里艰难爬行，有时会被岩石砸到头。在向上爬的过程中，随时都可能会摔下来，弄得遍体鳞伤。

我在没有路的山林中苦苦前行，最后被爬山虎包围，无法继续前进。我想继续往前走，却无法动弹。

这时候，我觉得身上很痒，发现有蚊子。拍一下，脸上都是血，脚上也一样。我身上的海水晾干了，感觉伤口更痛了。终于，我逃离了"爬山虎地狱"，走到了一个岩洞，似乎已经无法继续前进了。我觉得周围有些奇怪，但当时很累，就准备稍微休息一下。

因为非常疲惫，我就地躺下了。第二天醒来的时候，已经是中午了。太阳火辣辣地照着，非常热。我的双腿没有力气，已经抬不起来了。再不喝水的话，恐怕就缓不过来了。我往前看，发现两三米远的地方有一棵椰子树，上面有一颗椰子。太好了，我觉得自己能摘下来。终于，凭借自己的意志力，走到了椰子树下。我伸手向上，发现差了五厘米左右，摘不到。想跳起来，身体却不听使唤，连站起来都很困难。

　　我想往树上爬，身体却不断下滑，还没爬上去就下来了。我煞费苦心，两个小时后，终于摘到了。我觉得椰子汁应该有一杯水那么多，就想剥开椰子壳。但椰子壳很难剥，外面有一层厚厚的纤维，在上面开孔非常困难。我把椰子往岩石上砸，砸开的时候已经快傍晚了。我赶紧用嘴去接，但椰汁顺着纤维流到了脖子上，一滴都没流进嘴里。最郁闷的事情莫过于此。我很生气，想着一定要喝口水。于是拖着疲惫的双腿，朝着传来流水声的方向走。没想到的是，我竟然走到了土著人的村子，我不知道这些土著人是敌人还是朋友。我听见几个人讲话的声音，如果穿过这座村子，就能找到水了。

已经没有回头路了。我利用房子掩护自己，走到河边。幸运的是，没有被任何人发现。我大口大口地喝着水，觉得中队的炊事班应该就在河上游。我沿着河走了一段，然后登上山，已经是傍晚了。在山上，发现了一条没什么人走的路，路面上还有脚印。我继续向前走，突然觉得有些奇怪，这似乎是敌人走过的路。我感觉这里很危险，就没有继续向前走。我又走到河边，进入雨林，只听见沙沙的声音，吓得停下脚步，发现声音从我的两边传来。

坏了，我被包围了。我直接原路返回，打算从山崖上跳下去。但当我站在断崖上，低头向下看，发现那些椰子树大概二十米高。如果直接跳下去，二十米的高度，很可能会摔断腿。被包围的感觉让我十分害怕，觉得跳下去会更安全。不过，也可能会丧命。所以我想再确认一下对方到底是不是敌人。我小心翼翼地靠近，听到树叶窸窸窣窣的声音。定睛一看，发现竟然是野鸡。它们轻易就能飞到树上，向它们扔石头，居然能飞十多米高。原来将我包围的是五六只野鸡。三四天之后，我被海军救起。在看到海军的那一瞬间，我瘫倒在地。

有人对我喊："喂，振作起来啊！"我才爬了起来。

军队里有人让我喝了糖水。这么好喝的糖水我还是第一次喝。于是我说："再给我一杯。"但被拒绝了。之后我睡了三天，感觉恢复得差不多了，就继续赶路，终于回到中队。

"什么，你竟然还活着？我已经和本部汇报说，先发部队全员战死了。"

似乎我活着回来变成了坏事。而且我不仅没抓到敌人，还丢了枪、军装和其他所有东西，这下真成了掉队的士兵。这么短的时间内，发生了太多不好的事，五天来，一直处于死亡的边缘。之后，因我在雨林里被蚊子传染了疟疾，开始发烧。普通感冒的发烧，也就是三十八九度左右，感染疟疾后，我的体温达到了四十二三度。我的头脑一片空白，意识模糊，雪上加

霜的是，敌军登陆，敌机开始轰炸。

眼前火光四射，我"啊"地叫了一声，手臂就被炸断了。

作为一名二等兵，而且还是掉队的二等兵，我不可能得到周全的照顾，只能躺在收留伤病员的小屋里。有人一天给我送两顿饭，但不会照顾我大小便。小便还能悄悄在屋外解决，但大便又不能站着，我只能憋着。

我手臂上有伤，又感染了疟疾，觉得自己快要死了。也许因为我的身体很结实，就这样过了二十天左右，竟然恢复了健康，简直是奇迹。

我首先想到的是大便，踉踉跄跄地走到厕所。已经憋了二十天，虽然有便意，但已经很难拉出来了。我蹲了一个多小时，只拉出了两厘米左右。我用木片把大便刮下来。刮下来的大便，粗的像圆木头一样。

不久，从本部运粮食的船来了。我坐着船，被送到后方的野战医院。这艘船是最后一艘。野战医院虽然叫医院，但战场是经常死人的地方，而且拉包尔是座孤岛，物资匮乏，我也只能在像茅草屋一样的地方休息而已。

不知道是不是在前往医院的途中移动了身体的缘故，还是因为营养失调，我的疟疾加重了，头发几乎掉光，手臂上的伤口开始流脓。而且由于我长期没有洗澡，得了皮肤病。我觉得这下可能活不久了，而能指望的也只有自己。

我重拾孩童时期当孩子王的勇气（虽然战争游戏和真正的战争不能相提并论），选择相信让我活下来的上天（虽然它并没有给我带来什么直接的好处），我要继续坚持下去。首先，我要想办法把身体洗干净，但水却要自己寻找。我拄着拐杖，拿了一段比较粗的竹子，将大树树干的树皮剥开，把竹子贴着放上去。通过这种方式来存储水。

接下来就是食物。雨林中有土著人的部落，我拿着配发的烟到部落去换木瓜等水果。我会换一些熟透的和没熟的，然后按顺序从熟透的开始吃，这样就能省去频繁换物的麻烦。我和部落里一个叫艾特拉丽丽的富有魅力的少女成了朋友，总能从她那里拿到木瓜。

过了一段时间，我的皮肤病开始好转，头发渐渐长出来了，手臂的伤口在一点点痊愈，疟疾也暂时缓解了（疟疾是周期性发病，周期性缓解）。我虽然还没有完全恢复健康，但至少从死亡线上捡回了一条命。这时，听说不能打仗的伤病员要被送到纳马雷去。我身边的中士和我说了一件很恐怖的事：军队在格鲁彻斯特岬撤退的时候，所有不能动的伤病员都被集中留在了一个地方。像我们这样手脚不健全的人，岂不是要被杀掉？

不过也有人说："敌人还没有登陆，不用现在撤退，应该没事。"但是，无论怎样，我只能这样等待。怀着不安的心情，我和其他伤病员一起被送往了纳马雷。

如果和艾普佩在一起

　　纳马雷聚集了很多伤病员，纪律较为宽松，但毕竟还是军队，因此不能睡懒觉。大家早上五点起床，六点吃一些红薯饭，然后打扫一个小时的卫生。那时，我的外号叫"大草包"，也就是说我什么都不干，呆呆地站在那里的时间比较多。我有时候觉得自己和大自然融为一体了。

　　在我们扫除的时候，经常有土著人经过。

　　也许是他们和我们这些已经开化的人的想法不同，他们做什么都很悠闲。我觉得我第一次在这里见到了真正的"人类"。

　　他们肤色黝黑，鼻孔很大，但偶尔也会有美女经过。美与不美，和皮肤的黑白以及鼻孔的大小无关，而是整体感觉。因为我们也会被太阳晒黑，所以我不在意肤色。

我觉得可以在这一带探险。在日本的时候，我就喜欢到处转悠。我以疟疾为借口，逃避工作，在附近四处溜达，发现这里景色非常美丽。

这里是野战医院，虽然也是战场，却很安静，非常好。

我走着走着，走到了一个有着五六间小屋的村落。

我发现那个美女和一名少年在一起。他们看到了我，冲我微笑。这个笑让我敞开了心扉。

土著人讲话的时候，语言里夹杂着英语。我只能用蹩脚的英语和他们沟通。语言不是问题，问题是我们在一起的时候，给我一种赤裸相见的感觉（他们和我确实都近乎裸体）。

女孩和少年给我拿来了食物，我喜出望外，大口大口地吃起来。等我回过神来，发现周围聚集了很多小朋友，他们盯着我。原来我连孩子们的食物都一起吃掉了。我觉得这不太好，但女孩和大家说了些什么，就把事情解决了。最后，我知道女孩叫艾普佩，少年叫托佩托罗，我们成为了很好的朋友。

像我这样和土著人交朋友的情况，实际上是非常少的。开化的人和土著人对对方都抱有戒心。像我这样，初次见面就能敞开心扉，露出微笑的人几乎没有。

就这样，我只要有时间，就会去土著人的村落玩。我发现十五六岁的艾普佩竟然有丈夫。实际上，我心里想，如果是我和艾普佩结婚就好了。我十分失望，幸好除此之外，没有再让我失望的事了。

相反，好事接二连三。

土著人的生活在精神上丰富充实，文明人枯燥的生活方式让我觉得非常愚蠢。

土著人上午要在田地里耕作三个小时，这样才能填饱肚子。他们不会做出多余的食物存储在冰箱里。有多少人吃，就做多少饭，或者有多少饭，就吃多少。自然使他们内心充实。

面对闲逛到这里的异国人，艾普佩递给我一束落

花生，并指了指眼前的篝火。长期被饥饿折磨的我，贪婪地享用起来。当我吃饱准备回去的时候，村里人对我说："等等。"

我一直都在白吃白喝，觉得他们可能会打我。做好被打的准备回过头，看到他们给我拿了两个用绳子串起来的面包果①，让我带回去。

多么心地善良的人啊！我想报答他们，但也只能将配发的烟送给他们而已（烟是两周发二十支）。

一天晚上，月光皎洁，我从军营里溜出来，去了土著人的村子。我看到他们正躺着赏月，陶醉在昆虫的鸣叫声中。

不过，去土著人的村子违反军队纪律，晚上去更是重罪。尽管长官再三强调禁止外出，但我对土著人的研究（正确来讲，是对幸福人的研究），不是军队纪律能阻止的。

一个月光明亮的夜晚，我又打算偷偷溜出去，却听到将校室里大声争论的声音。我一边看着月亮，一

---

① 一种植物的果实。由于果实烘烤后味道和面包相似而得名。

边听，发现他们争论的焦点是我。噶吉（前任卫生大尉的外号）和军医砂原大尉在争论。噶吉说我有些精神错乱，要建一个精神病房（在岩洞里装上栅栏，把人关进去），把我关进去。

真是恐怖。砂原大尉说我只是有点奇怪，没必要让我去精神病房。这时，我才想起军队曾下令不准大家去土著人的部落。但公告贴出来才两三天，我就和前来巡视的噶吉在托佩托罗家遇到了。那时，噶吉非常生气，张大鼻孔，吃惊地对我说："我从你出生的时候就在军队了，还是第一次遇见像你这样的士兵。"

砂原大尉是一个不太像军人的军医，他经常因为忘记带军刀而被噶吉提醒。我想知道他到底能不能说服噶吉，让我继续保持自由，于是我一直偷听着他们的争论。砂原大尉渐渐败下阵来，这时候熄灯了，一切又恢复了平静。

于是我消停了两三天，观察情况，但是一直没有接到让我去精神病房的命令。我想，应该是没有找到合适的岩洞吧。噶吉经常在将校室关注我的动向，集合的时候总是问:"武良(我的本名)不在吗?"这已经成了他的口头禅。

但是我的土著人研究却一刻没有停歇。有一天,土著人终于向我展示了他们神秘的舞蹈,我非常感谢他们,也很满足。我一直都是这样,也许很愚蠢,但我总能充满好奇,拼命研究。

就这样,我和土著人的关系越来越亲密。土著人还给了我一块田地。他们给我起了"保罗"这个名字(他们中有人读过《圣经》,这个名字出自《圣经》)。我想就这样一辈子和土著人生活在一起。

但不久之后,战争结束了。

我申请了就地除名(直接在军队的派遣地解除军人身份)。我想这样就可以和土著人在一起生活了。在拉包尔的数万军人中,申请就地除名的只有我一个。砂原军医感到非常吃惊,他亲切地对我说:"哪怕你先回日本看看,然后再做决定怎么样?你的父母肯定都在等着你。"听到他这样说,我决定先回日本,然

后再回来。我去土著人的村庄，告诉他们我要回日本，在村庄里引起了很大的骚动。

长得像猩猩的寡妇冬布艾（她似乎想要与我结婚）挽留我说："你不能回日本，你要成为这里的一员啊。"长得像女长老的老太太伊卡利安也站出来了，让我一定要留下。这时，我的战友来找我，问道："你在这里干吗呢？"

那天，我和战友一起回去了。第二天，做饭的时候，托佩托罗来找我，他说："大家都非常伤心，你再回去看看吧。"我去了一看，发现他们做了丰盛的饭菜在等我。他们把狗叫做"普提"，是非常珍贵的动物，只有在祭祀的时候才吃。他们为我烤了一条珍贵的普提。

他们一边让我吃饭，一边劝我留下来。如果我从部队逃出来，他们可以掩护我（虽然战争已经结束了）。房子盖好了，还能分到两块地……他们说了很多。但就像砂原大尉所说，我十分担心我的父母，已经办好了回去的手续。

我说："十年之内我肯定会回来。"

"三年之内吧。"

"那就七年之内吧。"

我们就像在夜市上砍价一样，约定好了回来的日期，我就回了部队。

很快，我们从纳马雷被转移到了嘎杰尔海角，在那里等船。

因为是战败撤退，船很难等。

我们在嘎杰尔海角一边耕种，一边等待回国的日期。因为疾病和营养失调，其间有几个士兵去世了。昨天还很健康的人，到了第二天就突然暴毙的例子有很多。在临时营房的前面，我们立了一排墓碑，而且每天都在增加。

后来还爆发了黑水病。得病的人前一天还好好的，隔天就突然死了。失去了左臂的我，竟然活下来了。终于，驱逐舰"雪风"到了嘎杰尔海角。

士兵都上了船，非常拥挤。我半夜去厕所，回来的时候，睡觉的地方就没了。就这样，船终于到了浦贺。

伤病员被卡车载着从浦贺送到了国立相模原医院。我因为手臂的伤口没有恢复好，也被送上了卡车。

　　我终于回到了日本。如果没有砂原大尉这位军医，我现在可能在东南亚穿着贴身裙生活呢。后来，砂原大尉成了国立加古川医院的院长。他是一位很特别的人。

在相模原医院给手臂做手术

　　相模原医院虽然叫医院,实际上像棚屋一样简陋。虽然战争已经结束,但食物只有用玉米粉做成的长面包,非常硬,能当球玩。

　　医院就像伤病员宿舍,我在里面住了几天。办好出院手续后,我决定回到境港父母那里。

　　但是,父母还不知道我已经失去了左臂,突然看到,肯定会被吓到。于是,我想先写封信说明情况。但写字很麻烦,我想让他们一目了然,就在明信片上画了一幅失去一只手臂的自画像寄了出去。

　　很多人都战死了,而我只是失去了一只手臂,所以我的心情还是比较轻松的。但父母应该会受到不小的打击。

自画像之后，就是本人直接登场了。我回到家乡，母亲非常担心我。

我本来就是掉队王，还失去了左臂，不知道要如何度过战争结束后的混乱期。

"在那座偏远的小岛上，有一个看守灯塔的工作，不用和人接触，你应该能干。"他们开始认真地为我找工作。

也许我在东南亚待"傻"了，对任何事都看得很开，觉得整个世界充满了光明。因此，古怪的父亲说了一些奇怪的话："阿茂一直都很懒，以前用两只手做的事情，也用一只手解决。现在只剩一只手了，也不会感到不自在吧。"

过了一段时间，我突然发起烧来，身上很烫。附近的医生说我这是疟疾的后遗症。没过多久，我就开始拉肚子，得了伤寒。我又在医院住了两个月才治好。

我想，既然要生病，为什么不在相模原医院的时候生病呢？这时，相模原医院联系到我，说已经排到我的号了，让我去做手臂截肢处的手术。

我一直待在乡下也不是办法，就去了东京。

手术就是将露出断面的骨头包起来。在野战医院时，医生只是给我涂了一些药，做了应急处理，所以要进行手术。

也许是麻醉得不够，手术时非常疼。不过，我恢复得很快，十几天就好了。

身体恢复后，我经常觉得饿，想吃东西。因此我必须要先找到工作。我打算暂时先待在医院，做些生意。

我到千叶买米，运到东京卖掉，一次能赚五百日元。我用赚来的钱，到新宿的黑市去吃豆渣寿司（当时米是统一管制食品，豆渣寿司是在豆渣上放鳕鱼等做成的食物）。豆渣寿司十日元能买十个，五百日元可以让我饱餐一顿了。

之后，我在上野乘坐满载乘客的电车，去了东北地区。电车拥挤到我的下半身都能从车厢连接处的缝隙中露出来。电车不断前行，我向下看，看到脚下十厘米左右的地方，枕木飞快地向后移动。如果不小心滑下去的话，就太危险了。不过，因为非常挤，我的上半身被其他乘客夹住了，所以掉不下去。虽然现在也有上下班高峰期，但和当时的拥挤程度没法比。

电车终于到站，到了下雪的东北地区后，灾难接踵而至。下车没多久，我发现最重要的钱包丢了。我在都是人的电车里，被人偷走了所有财产。不要说买东西，都已经没钱回去了。没办法，我只好把外套卖了（当时物资匮乏，什么都能卖），狼狈不堪地回去了。不过我明白了，这样的工作有些冒险。

有一位四十岁左右在医院做志愿服务的女老师，是一名基督徒，当听说我在东北冒险旅行的故事后，她说倒卖是不道德的工作。而且如果我想成为画家，更不应该做这些事。她还给我介绍了一个好地方。

她把我介绍到了人类美术研究所，由雕刻家本乡新负责。起初是画女性裸体素描，我很开心，坚持了一段时间，不久后，就变成了男性裸体素描。

天气很冷，因为战争刚结束，暖气都是烧柴的。而且木柴还要大家带过去。我是"热带懒人"，很淡定，一点木柴都没有拿。火炉必须靠源源不断的木柴，本乡老师不停地放木柴，而我却什么都不做。

"你什么都不干吗？"

老师一声大吼，把我吓了一跳，而我只发出了一声"阿嚏"。老师不知道我这是回答还是打喷嚏，露出一副诧异的表情。其他学生为了缓和气氛，开始添柴。事情就这样收场了。

发生了这样的事，天气变暖后，我就辞去了研究所的工作。但我还是想去美术学校。为此，我必须要找到工作才行。

正好那时，医院直属的染布工厂在招收染布画的实习生。我刚好就在医院，所以很快就去那里工作了。在染布工厂，我也充分发挥了"热带懒人"的本性，大胆地将圆形图案染成了椭圆形。但因为是实习，所以也没人说什么。

我寻找学校的时候，发现武藏野美术学校在招生，入学条件是修完中学四年。旧制的中学相当于现在的高中，学制五年，不过，也有四年就毕业的学制。我只是高小毕业，因为后面都是中途退学，半途而废。大阪的夜校，我也只上了三年（夜校是四年制）。但我觉得肯定有办法，想着先告诉父母一声，于是我就先回了境港，顺便还弄到了一点军资和鱼干。

在物资匮乏的时代，鱼干是非常珍贵的。因为鸟取有渔港，所以我才能拿到。在去东京的途中，路过大阪，我顺便去了大阪的夜校。

我见到了之前经常让我罚站的老师。

我拜托他说："我想去美术学校，能不能颁发给我中学毕业证呢？"

"这个恐怕不行。"老师表现出一副为人师表的模样。

于是，我拿出鱼干。

"你给我多少鱼干，我也不能办啊。"

"在夜校读三年和在正常学校读四年是一样的吧？"

"这样说的话，三年和四年确实没区别。"

拿到证书后，我就开始办理考试的手续。

那时的美术学校徒有其名，就是一所开在乡下的分校（现在已经成了武藏野美术大学，有很多优秀的美术界人士从这里毕业），很多学生来参加考试。我不仅是掉队王，还是"热带懒人"，我想这次恐怕又考不上了。也许是因为只剩下一只手臂，面试的老师觉得我人残志坚，竟奇迹般地通过了。

开学的时候，我交了学费，而医院直属的染布工厂却倒闭了。这样一来，就算我上了美术学校，也会饿死。只靠医院配发的玉米面包，根本撑不下去。那天，我肚子饿的时候，同病房那个脸很长，看起来很时髦，外号叫"马"的病友叫我一起去教会。

他说："嘿嘿，教会有很多漂亮姑娘。"

我想要的不是什么漂亮姑娘，而是食物。但如果只待在病房，食物也不会从天而降，于是我就和他一起去了。

教会里确实有很多姑娘，但比这更吸引人的是牧师给我们红薯吃。从满足肉体的饥饿，到慰藉精神的饥渴。这里实施的是基督教的肉体和灵魂的救济。

我非常开心，就像在土著人的村子拿到食物的时候一样，狼吞虎咽地吃了起来。

从那之后，我又去了几次教会。那时候，几乎没有人会做这样的事，所以我到现在都很感谢牧师。

教会不开门的日子，我在病房无所事事。

病房里有一位大叔叫雄谷，也是独臂。他说："有一个秘密集会，你去吗？"我想会不会是反政府的秘密结社，但出于好奇，还是跟着去了。原来是在青山旧陆军军营的一间房子里召开的新生会。

这个集会并不是我想象的那样，只是一个非常松散的秘密团体，把归国者和伤病员召集在一起组成的一个利益集团，以便从国家获得一些援助。

会长也是一个四十岁左右的独臂男子，最近打算占领一栋被烧毁的大楼，作为办事处。我莫名其妙地就成了会员。

会长认为如果不每天吃一个鸡蛋，身体就吃不消，所以我们这些会员每周都去一次他的老家茨城拿鸡蛋。

在会长茨城的老家，只有他的老母亲一个人。

"我们是您的儿子派来拿鸡蛋的，他很成功，都当了新生会的会长。"

只要我们这样说，她就会非常开心地说："我给你们做味噌拌葱。"

把葱切成段用味噌拌好，装在四方形的金属罐中。这是很难吃到的非常珍贵的东西。我们能吃到这个非常开心，三个人一扫而光。之后，我们每次去茨城，都要说："您儿子很了不起，是会长呢。"

"我给你们做味噌拌葱。"她每次都会这样说。

后来，终于到了占领大楼的时候。

其实就是集结了几个人，在寒冷的深夜到大楼里铺上席子睡觉而已。大楼里连窗户都没有，而且被火烧过。会长觉得太冷，就回他租的公寓了。只留我们两三个人在这里睡。

被大火烧过的恐怖大楼没有窗户，我们只好用铁皮堵住窗口。不过还是太冷，我们都睡不着。半夜听到奇怪的脚步声，我们以为有鬼，一动不动地看着，结果发现有人轻轻打开了门。

原来是美国士兵和妓女。他们问能不能借给他们一张席子。我们借给了他们，过了半个小时左右，他们给我们送来了烟。

"哇，还是外国烟。"我脱口而出说道。

几天后，会长不知道从哪里弄来了很多篮子。他说这些是我们的财产。他总是带着篮子去荞麦面店，来抵面钱。

这栋大楼似乎属于东京都交通局。

听说只要交七十万日元，东京都就可以将大楼的所有权转让给我们。当时的七十万日元能建三四栋房子，我们肯定付不起。政府说在中央区的月岛，有一栋为归国者修建的宿舍，我们可以去那里。于是我们就从那栋大楼里搬出来了。

正好那时，战时担任海军大尉的哥哥成了战犯。军方说他们不应该在新几内亚下令处死 B29 的飞行员。因为哥哥的上级战死了，所以由他承担责任，真是太荒谬了！

连鱼的名字都不清楚，
就开了鱼店

　　我和新生会的同伴们一起搬去了月岛的归国者宿舍。我不知道这栋建筑原来是用来做什么的。屋里被木头和瓦楞纸隔开，说话声音稍大一点，所有房间都能听见。

　　住的地方总算安定下来，我开始去武藏野美术学校上学。过了两天，有人和我说："新生会要开鱼店了，你也来帮忙吧。"

　　我说："我又没有开过鱼店。"

　　"没关系，只是帮忙登记一下，来吧。"

　　那时还是计划经济，东西都是配给制。当时不能贩卖商品，或是在特定商家以外的地方买东西（政府虽然默认黑市的存在，但其实是违法的），因此不能随意开店做生意。而且如果无法凑到三百位客人，是不能开鱼店的。客人要登记在哪一家鱼店买鱼，并且只能在登记的那家店买到配发的鱼。假若不能凑齐三百份登记表，就拿不到开店的许可。但客人基本都已经在其他店铺登记了，要从现在开始找到三百位新客人是很困难的。

开鱼店的主意，是会长和他的朋友——在涩谷道玄坂开鱼店的老板——为了扩大销路想出来的。但他们没有制定什么周密的计划，凑够登记表的事情，也都交给了我们这些会员。

我们想在鱼店老板的店附近会不会好一些，于是就在涩谷的道玄坂一带挨家挨户地询问。

"我们是开鱼店的，能不能在我们这里登记？"

"你们是哪家店？"

店还没有开起来，我们也不知道该怎么回答，因此进展得并不顺利。

涩谷一带有一个半合法半非法的市场。我们在涩谷转悠的时候，自然而然就认识了一些人。市场里的老板，很多都是军人出身，曾是陆军大佐的木屐店老板借着神灵安慰我说："现在正是天照大神①藏在石洞的时候，再过一阵子，石门就会打开，在这之前只有忍耐。"

　　曾是陆军中将的运动用品店老板，长着一头白发，挥舞着拐杖大声说："凑不够登记人数，你这样泄气也不是办法。只有不断冲锋！冲锋！冲锋！"

　　但无论是神灵，还是别人的劝说都毫无作用。我们在涩谷这一带没有任何进展。没办法，只好从月岛周边入手，但也很艰难。

　　负责这件事的原本有七八个人，慢慢都不做了，最终只剩下我一个人。

　　因为我小时候喜欢收集昆虫和贝壳，所以留到了最后。最终，我在涩谷拉到一些人，在月岛也拉到一些，

① 也称天照大御神、日神等，是日本神话中高天原的统治者。据《古事记》记载，天照大神曾躲进天岩户，使高天原和苇原中国陷入一片黑暗。

凑齐了三百人。虽然只剩下我一个人，但已经凑够了人数，鱼店不开也不行了。当初，我只是听说帮忙凑人数才来的，但老板和会长却说："不好意思，你就继续帮忙吧。"

我只好自己开了鱼店。

因为老板有经验，所以来帮忙筹备，他帮我采购了菜刀和两轮拖车。开店采取的是没有店铺，沿街叫卖的方式，给那些报名的人家直接配送。老板鼓励我说："我告诉你，开鱼店，只要努力，不出十年，就能做出一番成绩。我就是一个很好的例子。"

老板干劲十足，而我却十分不安。

我垂头丧气地说："我没有开过鱼店，能不能找个人来帮我？"

鱼不是每天都卖（因为物资没有那么丰富），只在配送日卖一次。老板派了一个十七八岁的学徒来给我打下手。

第一次配送的鱼看起来就像腔棘鱼，是一种来路不明的大鱼。

我和来帮忙的少年也不知道如何处理鱼，最后把鱼切成了三角形或菱形的鱼块。

有人跟我说："卖鱼的，这恐怕不行啊。"

我一时没有反应过来。

"是在说我吗？"

我沉浸在卖鱼的生意中，但却不知道是赔了还是赚了。

第二次是金枪鱼。这时，帮忙的少年已经不来了。我就一个人推着两轮拖车。金枪鱼有七八条，特别沉，而且还在车上滚来滚去。

最后全部卖完了，但还有十几家没有买到。

别人卖的时候都是缺斤短两，而我却足斤足两。没有买到鱼的人非常生气，我不但没有赚钱，反而倒了霉。

好不容易适应了一些，区政府的卫生科却向我提意见。

他们说收到投诉，我装鱼的箱子发出恶臭，非常难闻。

我发现确实有臭味，之前都没有人对此有意见，真是太不可思议了。

　　这个箱子是水产品批发市场用的高级箱子，在下次去市场之前必须保管好。

　　月岛一带是平民区，有一条河流经那里，那时的河水十分清澈。我把箱子运到河边清洗，一不留神，一个箱子就顺着河水漂走了。我心里一惊，但已经晚了。水的流速很快，已经追不回来了。第二次去批发市场的时候，因为箱子不够，他们一直抱怨。做什么都不熟练的新手鱼店老板，做什么事都不像样。但有时候，我也会因为是新手而得到原谅。

　　我不太了解鱼的种类，只能靠着模糊的印象说出名字。有一次，我从市场回来，饥肠辘辘，就自己烤了一块鱼肉吃。不知是不是因为太饿了，觉得这鱼异常美味，吃起来是金枪鱼的味道。吃了鱼，我就有了力气，接下来开始卖鱼。我对顾客说："新鲜的盐渍金枪鱼。"大家评价都不错。第二天，我到鱼市，发现大家纷纷抱怨"昨天的盐渍鲨鱼真差"，我才反应过来,原来那是鲨鱼。我把鲨鱼按金枪鱼的价钱卖了,还赚了一笔。但奇怪的是,竟然没有一个人投诉。我想顾客可能都相信我卖的是金枪鱼吧。

右手做笔记，
左手挖鼻孔怎么样

　　聚集在月岛归国者宿舍的新生会，为了化解危机，开始进行街头募捐。就像现在我们在各地神社看到的，他们穿着白衣，在街头放上捐款箱，让人往里投钱。

　　我专心于鱼店的工作，在不卖鱼的日子也会帮忙募捐。大家十个人左右组成一组，在街头大声吆喝。不过我们觉得这不是什么体面的事，有时在鱼店帮忙的小模会说："我还是喜欢鱼店，不想做募捐了。"

　　但对我来说，我也不想一直经营不赚钱的鱼店，便借第二次变更登记的机会，将经营权卖给了小模。

　　我得到一些钱，于是就专心在武藏野美术学校学习。

因为学校离月岛有些距离，我就在吉祥寺路口租了一间房。

虽然要上学，但我没有表，不知道时间，每次起床，太阳都已经高挂在天空了。

我悠闲地吃了饭，然后去上学。路上有一家游戏厅，我想能赚点饭钱。等我到了学校，课都已经上完了。如果直接回家会显得太傻，于是我留下来练习素描。

有时候，我也会在课上到一半的时候进教室。

这时，我就会坐在最前排一边挖鼻孔一边听课。金原省吾老师站在讲台上对我说："你用右手做笔记，左手挖怎么样？"

"我只有右手。"我回答道。

"抱歉。"老师一脸歉意，但想想该道歉的是我。

那时，战争刚结束不久。无论是学校还是学生，条件都是无法想象的艰苦。

有一个学生叫阿丸。

有人说，三年前，阿丸坐在画家横山大观^①的家门口三天，希望能成为他的弟子，但最后失败了。他既不上班，也没有生活来源，但一直坚持画画。我觉得很不可思议。一个同学和我说，他两天去卖一次血。原来如此，怪不得阿丸的脸色这么差。终于，他有一周没来上课。同学们都说他卖了很多血，晕倒了，而且正好晕倒在马肚子下，被马踢到，住院了。

学校也面临着经营困难。

学校把一半的地方租给了乌冬面加工厂，引起了学生的不满。本来就不大的学校，还要用来晾晒乌冬面。但最终，学校还是被乌冬面占领了。

就这样，到了第二年，老师找机会和成绩差的学生谈话。当然，我也在其中。

我没有左手，还要一边打工一边学习，所以老师也没有继续追究。但我还要再接着学习两年，即使能顺利毕业，也不可能靠画画生活。老师和我说了十分丧气的话："就算你从美术学校毕业了，但如果挣不

---

①横山大观（1868～1958），日本著名画家。

到钱，也没法继续画画。"

战争结束的那几年，所有人都被生活所迫，为了吃饱饭竭尽全力，哪有钱来买画。而我一直打算从学校毕业后，继续从事画画的工作。

正当我为钱烦恼的时候，新生会的原副会长来了。

他对我说："缺钱吗？咱们俩来一次东海道募捐之旅吧。"

我问："没问题吗？"

"没关系，咱们什么都没有，继续这样下去，也不是办法。"

面对这样的现实，我只能答应。

我的钱马上要用完了，还有房租要交，学校也没什么指望了，生活到了紧要关头。我搬到吉祥寺附近之后，新生会的人数也在不断减少，后来就解散了。副会长也在计划接下来怎么办。

于是我下定决心，收拾好家当，开始了东海道募捐之旅。

但这趟募捐之旅是在没有钱的情况下进行的。我们中途下车募捐，再用募捐来的钱到能去的地方。天气好的时候，我们就露宿在外，下雨就比较麻烦了。总之，这是一场非常辛苦的旅行。

到了小田原，我们终于可以住上旅馆，吃到饭了。又经过静冈、浜松、名古屋，我们到了岐埠，住在一家小旅馆，却遇到了连雨天，将我们的计划打乱。

而且我还被虱子缠身。把毛衫拿起来看，密密麻麻的虱子，简直就是虱子的公寓。

这种情况下，靠杀虫剂是不起作用的，只能用"石川五右卫门式"，也就是放在锅里用热水将它们杀死。

我从瘪瘪的钱包里掏出二百日元，递给旅馆的女服务员，请她帮我煮衣服上的虱子。

第二天，在旅馆晒衣服的地方，传来一声尖叫，我被吵醒了。原来昨天晚上，服务员煮好衣服后，就拿出去晾了。也许是煮的时间不够，水的温度正合适，虱子的卵孵化了，虱子比之前多了一倍。那声尖叫就是女服务员因为害怕虱子发出来的。

我只好将那件衣服扔掉，但女服务员却给我起了一个外号，叫"虱子先生"。

"这样也挣不到钱，不如放弃吧。"副会长说。

"那我们也不能一直住在这里吧。"我说。

"是啊，我们又不是虱子。"

雨停后，我们逃亡似的坐上了开往大阪的火车。即使如此，我们还是觉得这次旅行很有趣。因为没什么正经事，我和副会长就在大阪站分开，一个人来到了神户。

我在不知是旅馆还是公寓的地方住了一晚。第二天开始下雨，本来只打算住一晚，结果变成了五晚。无聊的时候，我就和店里的女老板闲聊。

"我打算把这栋房子卖了，二十万日元怎么样？"

"二十万日元是不是有点太便宜了？"

"不会啊，还有一百万日元的贷款。也就是先给我二十万日元，剩下的一百万日元，每个月分期付给我。"

我想把房子买下来，二十万日元的首付应该能凑齐。我联系了境港的家人，让父亲抽时间把二十万日元送来了。

我决定将房间租出去。因为神户遭受过空袭，面临住房困难，所以公寓生意比较好做。

也许是命运，我的第一个客人竟然是纸芝居画家。之后我还遇到了脱衣舞女郎、小偷等等。很多人来来往往。

斗篷下是兜裆布

公寓里有十来个房间，都是三到四张榻榻米大小。因为很多房间都是隔间，有三个房间白天十分昏暗。公共澡堂漏雨也很严重，下雨的时候，就像发洪水一样。

尽管如此，顾客还是会来，比如乐队的鼓手、退休的刑警等，因为房租很便宜。而我还有一百万日元的分期贷款要还，只靠房租恐怕不够。

纸芝居画家得了便秘这种怪病，因为拉不出来而郁闷。他教我创作纸芝居，唤起了我的创作欲。纸芝居需要创作好后交到总部，然后租借给各个分部，再由各个分部的艺人大叔到街头表演。

因此，如果想要卖画，找那些艺人谈也没用，必须去总部。说起总部，应该是很气派的，但其实只是一群其貌不扬的大叔的聚集地而已。

便秘的纸芝居画家告诉我这些后，我幻想着一夜暴富，就立刻拜访了附近一家叫"巴画剧社"的总部。"画剧"是纸芝居剧比较讲究的一种说法，就像把菜摊称作果蔬销售店一样。"画剧"倒过来念就是"剧画"①，后来有很多从事纸芝居剧的人都转行到剧画业去了，这也是一种奇妙的巧合吧。

到了巴画剧社，见到了一个身材矮小的男人，似乎是老板。我把画好的样品给他看，正准备谈接下来的工作，从厨房传来女主人的声音："我们不需要。"

看来，巴画剧社的大权掌握在女主人手里。

我垂头丧气地回去了，纸芝居画家对我说："我给你介绍另一家吧，叫林。"

他给了我地址。

---

① 20 世纪 50~70 年代在日本流行的一种漫画。剧画在故事叙述方面更加严肃，绘画风格也是现实主义的。

破败不堪的大楼，让人觉得有些吓人。这里以前是小学，现在是归国者宿舍。这里的门也是见都没见过的亮黑色。虽然是白天，但走廊里一片漆黑。在角落里还有两三只动物，看起来像蝙蝠。

我推开门，里面有两张十分破旧的床。屋里有一个和《黄金骷髅侠》①中的怪人很像的人。他在家里（而且还是夏天）竟然穿着斗篷。这个人就是林画剧社的老板。

我小心地开口打招呼，他那长得像骷髅的脸上露出了笑容。他从用装苹果的箱子做成的架子上，拿出了前辈的作品给我看。

这时我才明白，为什么这个怪人在家里还穿着斗篷。他踮起脚从架子上取东西时，斗篷翻卷起来，我看到他下面的兜裆布了。原来他里面只穿了兜裆布。

怪人一边指着前辈的画，一边说："我们会请胜丸老师把关，你把画带给他看，再决定用不用你的画

---

① 《黄金骷髅侠》是一部科幻动作电影，宇宙怪人纳佐为阻止地球人探索太空，计划用伊卡洛斯惑星撞击地球。

吧。"

"胜丸老师下次什么时候过来？"

"明天就会来。"

第二天，我又拜访了这位怪人的"巢穴"。

开了门，我看到床上睡着一个穿衬裙的女人，旁边就是穿着斗篷的怪人。

怪人向我介绍："这位就是胜丸老师。"

我看到昏暗房间的角落里，有一个脸像舞狮面具的人坐在床旁边。又来了一个怪人？我的心怦怦跳了起来。胜丸老师微笑着对我说："你的画非常有趣，两百日元给我吧。"他有着与容貌不符的声音，吐字也十分清楚，问我："你家在哪里？"

"啊，新开地附近的水木大道。"

"水木大道啊，离我家很近，欢迎来玩啊。"

通过谈话我了解到，胜丸老师的纸芝居剧日本第一。怪不得说话也圆滑周到。

三天后，我带着自己的第二份作品来到林怪人的总部。但他说现在手里没钱。我是为了挣钱才来的，

所以连返程的车费都没带，像神风特攻队一样，只加了单程的燃油。

"这可麻烦了。"

"那我去问邻居借点。"

我等了差不多两个小时，终于拿到两百多日元。

林怪人的总部看起来也不是很景气。即使是在一九五二年，花三天创作出一卷（十张一组为一卷），卖二百日元，也不是很高的价钱，差不多是现在的两三千日元。来回的车费，路上花费的时间，以及不能及时给钱，这种情况真让人为难。

胜丸老师打算自己独立，我准备去拜访他，顺便和他聊一聊。他告诉了我地址，我却找不到。我觉得很奇怪，继续在附近寻找。老师的"家"确实不像家，因为只是一个小房间。

"欢迎，欢迎。"

打开门，是胜丸老师的声音。从门口到胜丸老师坐的地方，堆着水壶和茶碗，没法走进去。老师灵巧地挪出一条通道，招呼我进去。

"其实啊，水木……"

"老师，我姓武良。"

我的本名叫武良茂，武良在境港是比较少见的姓。但老师并没有在意，继续叫我水木。可能是因为我住在水木大道，所以叫我水木。就像那些黑帮老大都用地名起名一样，他也用地名称呼我。我的笔名"水木茂"就这样诞生了。

"我要从林那里独立出来，创办阪神画剧社。"

"哦。"

"我需要很多画手，希望水木先生也能加入。"

我对林失去了信心，就答应了铃木胜丸老师的邀请。

但是公寓那边的琐事越来越多，我无法专心创作，比如下水道堵了；厕所满了（掏取式厕所）；退休刑警喝醉了，走进别人的房间胡闹；有小偷进来；漏雨了；猫死了，等等。每天总会发生各种事情。这时，弟弟因饱受失恋的痛苦，从老家过来。我本以为他能帮忙，没想到他去公司上班了，什么忙都帮不上。无论如何，我都需要有人帮忙，所以我请了境港的嫂子过来。她是我哥哥的妻子，我哥哥战后成了战犯，被关在巢鸭。嫂子也没有工作，我想这样正好。但谁知道她把孩子也带来了，为了找幼儿园，我反而更忙了。

我那一百万日元的分期贷款已经很久没还了，经常会有人来催账。催账的人也知道我没有钱，所以只能抱怨几句。他会用十分低沉的声音和我讲话，营造出德古拉①的怪异氛围。

"为什么你这样穷啊？"

"因为我不擅长做生意。"

"那就交给房产中介做啊。"

原来如此，这是个好主意。我很快就去找了房产中介，他们陆续给我介绍了小白脸、朝鲜人、匪帮等莫名其妙的人。

---

①布拉姆·斯托克撰写的小说《德古拉》中的吸血鬼。

形形色色的租客

　　随着租客的增加，公寓的生意越来越好。我就专心进行纸芝居创作了。

　　最初，我创作的是《雨伞夜》这类怪谈故事，后来听说西部剧题材比较受欢迎，又开始创作这类题材的作品。至于剧情，是我去新开地的电影院看了约翰·韦恩的电影后，即兴创作的。我创作了《迷之西部王》《阿帕切悬崖》等五卷（五十张）到十卷（一百张）不等的作品。

　　然而，在我全身心投入创作的时候，总会有各种事情打扰。比如美国士兵误把我的房间当成吉普赛女郎的房间，催债的人上门讨债，房客让我到房顶清理堵塞的烟囱等。

除了这些"公务"，我还要和租客联络感情。他们来找我闲聊，我不能说"请回去"，只能敷衍几句。有时候，还会有人找我商量非法入境的事。神户是港口城市，战争又刚结束不久，经常会有一些奇怪的事。

二楼住着一个脱衣舞女，不停地推荐我去看她的脱衣舞表演，还给了我剧场的门票。我心想，不能糟蹋人家的好意，就放下手里的创作去看了。结果只看到裸体的女人用毛巾擦背的"入浴秀"，一点都不吸引人。脱衣舞女和丈夫住在一起，她丈夫是脱衣舞剧场的小号手。女人一登台，她丈夫就会吹起小号。后来我了解到，这个男人是东京大学毕业的。这个世界真是不可思议。

脱衣舞女楼下的房间，住的是一群矮子。最初，我只租给了一个人，不知什么时候，住进了差不多十个人，都是身材矮小的男士。正因为这样，他们才能一起挤在狭小的房间里吧。房间里只有一张床，所以床下睡几个，天花板里也睡几个。

他们看起来非常忙碌，不知在忙什么，总是一副慌慌张张的样子。我觉得他们是一群很奇怪的人，但来帮忙的嫂子告诉我，他们屋里的床上放着手枪。

过了两三天，刑警惊慌失措地来到我们这里，说要监视矮子的房间。我想，果然有问题。这时，又有另一拨刑警蜂拥而至，也要监视那个房间。

来监视的刑警分成两组，似乎是在竞争。我觉得有些奇怪，就打听了一下，才知道原来这栋公寓处在两个警察局的管辖交界处。

"哎……"我感叹道。

"比起这个，你要庆幸现在还活着。"

"这话怎么说？"

"那些人是国际暴力团体的。"

"嗯？"

在刑警埋伏的过程中，那些矮子随时都可能回来。这样的话，免不了一场枪战。

"那我们要不要赶紧躲起来？"

"啊，这让我们有些为难。如果被他们察觉了，有可能逃跑。你就和平常一样就好。"

刑警们因为紧张而不断抽烟，说一些让我无法平静的话。

我正想着居然发生这种事情，大街上突然传来一阵骚动。刑警们立刻冲了出去，我也跟在他们后面跑出去，看见矮子们戴上了手铐，坐在警车上。

他们看见我，还举起手和我打招呼。

第二天，报纸的头条是"国际暴力团体组织成员被逮捕"。

我到他们的房间收拾东西的时候，发现除了被子，还有一个包裹。"看起来真不像坏人。"我和嫂子、弟弟正说着话，玄关处出现了一对素未谋面的老夫妻。

"你好，我们来取行李。"

原来他们是国际暴力团体头目的父母。老夫妻用简单的语言讲述了矮子先生的成长经历。

"他是独生子，我们太宠爱他了……"

矮子先生上了大学，还没毕业，变得十分叛逆，最后成了混混。

"每次我儿子出事，都是我们来收拾残局。他小时候是一个非常好的孩子。"

这对老夫妻连茶都没有喝，就拿着装有被子和内衣的包裹出门了。

他们站在寒风中。

"怎么了？"

"我们在等拉行李的车。"

"来里面等吧。"

"没关系，在这里就可以。"

他们仿佛两具空洞的躯壳，任寒风吹过。

脱衣舞女郎感慨道："好不容易把儿子养大，却成了暴力团体的一员。"

暴力团体事件平息后，父亲从乡下过来，我就搬到一个整天都见不到阳光的房间。因为把有阳光的房间租给客人，能多收一些房租。

在这个房间里，我有些分不清白天和黑夜。

有一天，我正在睡觉，突然脸不知被谁踢了一脚。我睁开眼睛，打开灯，看到一个陌生的老人大喊："这是我家！”

眼前的这个人是谁，究竟发生了什么，我完全没有头绪。

“什么？这是我家！”

“不对，是我家。”

老人看起来没什么力气，我直接把他推了出去。门口，有一个年轻男子站在那里。

“啊，你在这里，不能随便到别人家去。”

年轻人带着老人准备离开。被老人踢了一脚的我，完全不知道这是什么状况，于是我生气地说：“这人随便跑到别人家来，不是胡闹吗？”本以为他会道歉，没想到年轻人却瞪着我说：“你说什么？”而且他的眼神看起来有些吓人。难道是我做了噩梦？我揉揉眼睛，这不是梦。年轻人凶狠地抓住我胸口的衣服。就在这个紧要关头，走过来一位中年阿姨，说：“你们真是丢人。”

她继续说：“实在抱歉。这两个人都不正常，真是不好意思。”

原来老人和年轻人是一对父子，精神都不太正常。之后，他们被中年阿姨劝回去了。

　　从那之后，我偶尔还会见到这位阿姨，她经常抱着萝卜或洋葱。跟着她走，就会看到一座小房子，外面挂着"缝衣服"的招牌。原来这位阿姨靠着缝衣服，养活两个不正常的家人。真是不容易。

　　国际暴力团体走了之后，从四国来了一对驼背的夫妇。不知道他们是做什么的，每天都待在家里，到了晚饭时间，就拿出足有两厘米厚的鲸鱼肉烤着吃，一人两块，两个人吃四块。

　　他们非常开朗，也很和蔼，说要找机会经营牧场。每当我画画的时候，他们都会喊我"老师"，然后送点心过来，跟我聊牧场的事。他们看起来十分正常。

　　有一天，朝鲜人房间的窗户被玻璃片划破了。他为在三宫开店而攒的钱全部被偷走了。他平时还会担忧祖国，谈论他的理想，这下一句话都说不出来了，只有叹气。

　　大家都在想偷钱的人是谁。我想问问隔壁四国来的那对夫妇，没想到打开房门时，房间里已经没人了。

"原来他们就是小偷！"

怪不得这对夫妇能吃烤鲸鱼肉，原来是洗劫了公寓。

这对小偷夫妇销声匿迹后，财阀浅野水泥的第五个儿子和他的佣人来了，让我把那间房租给他们。但看了房间之后，他们说需要两间。

我实在没想到，在这个房间接二连三发生了这么多意想不到的事情。

东京的大师

胜丸老师对我说："水木，你要开始走运喽。因为纸芝居大师加太浩二老师要从东京过来了。"

说起加太老师，那可是一卷纸芝居卖到一千日元的人。我的一卷只卖两百日元，和他有五倍的差距。而且老师一天能完成五卷，我三天才完成一卷，是十五倍的差距。

"加太老师住在哪里呢？"

"你也知道，我家非常小，如果住你公寓的话……"

"那我真是倍感荣幸，十分欢迎老师。"

我在老师来的前一天买了便宜的肉和糖精（那时白糖很贵），做了寿喜烧，恭候老师到来。终于，加太老师来了。他虽然很年轻，但头发很少，讲话速度很快。我战战兢兢地拿出自己的作品给他看。

"这个啊……"他一边说，一边往嘴里塞肉，"还是要看你的努力程度。"

加太老师要在关西住上几天，画二三十卷纸芝居。他请我负责上色部分的工作。

说起纸芝居，现在已经很少见了。但在那个没有电视的年代，对孩子们来说，是很重要的娱乐方式。纸芝居不用印刷（在学校展示用的纸芝居才会印刷），都是直接用原稿。画完之后，还要上色，最后涂上一层透明的漆。

我负责上色阶段的工作。那个便秘的纸芝居画家因为病情加重，回老家了，所以我给加太老师打下手。

加太老师每个月都要来一次关西完成他的工作，我每次都会帮他。

当然，我还继续自己的纸芝居创作，仍旧是一卷二百日元的价钱。按加太老师的话说："干这一行，就是忙，还赚不了多少钱。"

对老师来说，也许是这样，但对我来说，就更辛苦了。

无论风雨，都不休息。因为在街头表演的大叔们是不休息的，所以我们和他们一样。

我要一边完成自己的工作，一边帮助别的作者，就更忙碌了。我连在街上表演的作品都不能好好欣赏一下，只能听胜丸老师讲一些趣事。

胜丸老师的阪神画剧社，经营每况愈下。我已经两三天没见到他了，接着就传来他在北海道某处服毒自杀的消息。

加太老师因为把自己的作品租给了阪神画剧社，所以带着相关人员来神户讨论善后事宜。

但胜丸老师可能因为身体很健康，竟然在医院起死回生，简直就像不死鸟一样。

这虽然是一件好事，但胜丸老师却因此失去了信誉，加太老师也不再往这里送画。这样一来，阪神画剧社的所有工作不得不落在我的肩上。

之前提到过，我一直在进行西部剧题材的创作，这根本不是什么赚钱的工作。不仅胜丸老师，我也越来越穷了。最后到了不得不变卖公寓的地步。

破旧的公寓住的全是穷人和怪人，根本赚不到钱。如果赚钱的话，之前的主人也不会把它卖给我。那人是因为要还外债，才把公寓卖给我的。

在走投无路、十分绝望的时候，我得到了上天的帮助。

经常路过这里的典当行老板要给我介绍一个不错的对象，是经营旅馆的有钱人家的独生女。

我想这真是一件好事。但是对方有一个条件，因为人家是独生女，所以不能嫁过来，我要做上门女婿。这样也行，我不去，让弟弟去好了。

弟弟同意了，就开始安排相亲。

到了相亲那天，在约定的地点，弟弟却没有出现。我打电话到他公司，也说不知道他去了哪里。没办法，按照相亲的流程，只好取消这门亲事。

弟弟绿着脸回来了。

"我通宵打麻将，输惨了。"

"你是白痴吗！这是打麻将的时候？昨天晚上不是有重要的相亲吗？"

"啊，我忘得一干二净。"

就这样，天上掉下来的好事泡汤了。我还是走到了卖房这一步。一百万没有人买，后来九十五万卖给了一位长得像金刚的大婶。这九十五万日元，除去还债的部分，还剩下二十五万日元。我不能没有住的地方，就用这二十五万日元，在西宫的今津买了一套弟弟朋友（在电视台担任要职）出售的房子。这一带是商业街，我计划开店，却没有资金，就搁浅了。

这时候，胜丸老师和加太老师告诉我，东京有个叫伊藤正美的人，他创作的《墓场鬼太郎》曾风靡一时，建议我尝试创作类似的作品。于是我也创作了一部名为《墓场鬼太郎》的作品。因为之前的那部曾经很流行，所以我才决定创作的，但反响不怎么好。

东京那边已经没有画送来了，大家都指望我的"鬼太郎"。胜丸老师坐不住了，他觉得是因为我创作的《墓场鬼太郎》的故事太过离奇，所以失败了。第二次，我以哥哥的孩子为原型，创作了《空手鬼太郎》，讲的是主人公去冲绳学习空手道的故事。这次比上一次的受欢迎，我总算松了一口气。当时，我情急之下想到让鬼太郎的口袋里放一颗眼珠，其实就是他的父亲，没想到这个设定大受欢迎。之后，我继续进行这个故事的创作。

那时，鼠男这个角色还没有出现在作品中。《空手鬼太郎》创作到一百卷的时候完结了。之后，我改走科幻风，创作了四十卷的《墓场鬼太郎·伽罗瓦篇》，却失败了。

不得已，我改画《幽灵之手》，画了九十卷，反响也不尽如人意。于是，我让鬼太郎穿上背心，成了一个拥有超能力的人物，又继续画了一百卷左右。

最后，我又创作了《横纲小孩》，这部反响还不错，继续画了几卷，但没有画完就结束了。因为纸芝居在那时走到了终点。

游戏厅

有一天，一个叫西乡的人来拜访，想将房子的一楼租下来。我问他要做什么，他说做游戏厅。

"做游戏厅？"

"是的，游戏厅。"

"唔，游戏厅啊。"

在这番愚蠢的对话后，我把房子的一楼以每月八千日元的价格租给了西乡，自己搬到二楼。

在一楼改装的时候，我顺便把二楼的一个屋子装修成了画室。当所有的事都办妥当，游戏厅开业了。

游戏厅每天都非常吵。

我赚了点钱，想去游戏厅玩玩。这些游戏机应该都是二手弹珠机，钉子都生锈了，球也进不去。

那时，关押在巢鸭的哥哥出狱了。这样一来，一家人就住在一起了。我、我哥哥、他的妻子和孩子，还有我弟弟，父母也时不时从乡下过来，因此必须增加房间。

我把刚装修好的房间又重新装修了一次，越折腾越上瘾，于是又将壁橱拆掉，弄了晾衣架，最后将整个二楼翻新了一遍。我要画纸芝居，还要画房间的图纸，每天忙得不可开交。我改造房间的习惯到现在还有，有什么想法就会立刻动手。我家已经快成迷宫了。

再说回游戏厅。虽然不经常开门，但因为很吵，我觉得八千日元有些划不来，就涨到了九千日元。没过多久，西乡的妻子得肺炎去世了。

西乡失去了妻子，情绪非常低落。他抱怨妻子的死和我涨房租有关，就把游戏厅转让给了别人。接手游戏厅的是一个开倾倒车的司机。他经常没钱购买游戏机的奖品，于是就每隔一周歇业一次。等他从别处凑到了两三千日元，就继续开店，简直是不可思议的经营方式。

　　但最终游戏厅还是没有开下去，每月九千日元的房租也拖了半年。其间我创作《鬼太郎》的纸芝居，也非常忙碌，后来才有时间把躲起来的司机找出来。

　　"你都拖了半年了，我很为难。"

　　"那我能不能用弹珠机抵房租？"

　　这件事就以很奇怪的方式解决了。我想，弹珠机应该会有人买，没想到一百日元一台都卖不出去。最后，我把这些弹珠机卖给了回收废品的人，损失惨重。

　　我的生活全靠纸芝居维持着，但这个钱也不好赚。总部不知道什么时候就会倒闭，如果画不出受欢迎的作品，就有倒闭的危险。所以人们都十分挑剔："这个作品不行啊。"听到这种话，如果接下来作品不受欢迎，就很可能得不到下一份工作了。如果是小说或电影，即使当时不受欢迎，也有可能在十年后重新获得人们的肯定，但纸芝居讲求的是新鲜、即时、付现，是非常残酷的。没有任何道理可讲，只有有趣的东西才会受欢迎。

无论是睡觉的时候，清醒的时候，还是上厕所的时候，我都在卖力地思考，但进展并不顺利。假设是十卷的纸芝居，就相当于十回的连续剧。如果画到一半，作品没有火起来，也不能从第一卷开始重新创作，更不能从第六卷开始更换主角或是从第二卷开始让死去的人复生。必须在已经构思好的框架内，让故事变得有趣。

每天都像在打仗一样。虽然我创作一卷纸芝居的价钱从两百日元涨到了三百日元，但物价也在上涨，真是非常辛苦。而且我每天要持续工作超过十二个小时，这更让人痛苦。

我画纸芝居画了有七八年，遇到"不受欢迎"的情况有四五次，但总算坚持了下来。这个"坚持下来"的经验，似乎让我拥有了一种自信。之后，迎来了出租漫画的时代，我也遇到许多难关，但画纸芝居时期留给我的自信，成了支撑我的力量，使我总能在危机时刻坚持下来。

电视出现，纸芝居危险了！

一九五五年左右，纸芝居开始衰落，因为电视出现了。总部经常拖欠钱款，我觉得不能在家等着，就亲自去要。终于要到了，松了一口气。拿到钱，我去咖啡店喝了一杯咖啡。不过，有时候我上门去要，也不一定能拿到钱，导致经常连咖啡都喝不起。

为什么我如此努力工作，却还是这样穷？比起可怜，我更多的是觉得不可思议。

那时，我一天要画两卷，也就是二十张。编故事，打底稿，画阴影，差不多一天要花上十二个小时的时间。当然，也不是每天都有工作。如果遇到临时需要加班的情况，比如要在新年前完成某项工作，那连续

两三天通宵也不是什么稀奇的事。

游戏厅关门之后，我把房子收拾干净，租给了一位牙科医生。当时，有个自称是柔道五段的男子说想租我的房子，我还在考虑他要用来做什么，原来是牙科医生。

我顺便让他帮我免费补了两三颗牙。

有时间的话，我会去绘画研究所（一周去四天左右）。研究所叫神户市立美术研究所，晚上借用北野小学的校舍教学。小矶良平、田村孝之介、小松益善成了我的老师，学习的内容以素描为主。我只有小学读到了毕业，其他都是中途辍学，但在美术研究所却坚持了很久。

东京纸芝居界的大师——加太浩二老师有时会来关西。

有一次，老师带着小寺国松来我家。

小寺开办了一家工厂，专门生产纸芝居表演时售卖的糖果。后来，当我去东京开始创作漫画的时候，就住在小寺经营的公寓里。

我给加太老师和小寺端上抹茶。在我的故乡山阴地区，经常会饮用抹茶。但小寺好像不习惯抹茶的味道，他误以为不能领会茶道精神的人喝不了抹茶，就一直恭恭敬敬地捧着茶碗进退两难。

我一直看着他，想看看他接下来要干吗。没想到他渐渐把茶碗举高，举到和眼睛差不多的高度，就开始不停地转，然后慢慢高过头顶。

加太老师忍不住问："你干吗呢？"

"啊，我看这茶碗上面画着马。"

"赶紧喝了吧，赶紧喝。"

"我刚才在看画，茶碗上的。"

小寺继续逞强，然后把茶喝掉了。

加太老师针对纸芝居的现状发表高谈阔论："别担心，纸芝居在萧条之后又会迎来繁荣。"

但很明显，纸芝居这个行业越来越萧条，已经没什么人看了。出现电视以后，卖出的电视的数量，就是我们观众减少的人数。加上物价不断上涨，人们的生活水平逐渐提高，卖给孩子一颗五日元的糖果、给他们表演纸芝居这样效率低下的工作，也渐渐失去了市场。也就是说，在街头表演纸芝居的艺人，也发现在工厂工作拿薪水更好。

阪神画剧社的胜丸老师和我说："加太老师虽然这样说，但纸芝居确实不行了。像四国分部，根本没有钱送来。"

一旦开始走下坡路，接下来就会加速下滑。原来从事纸芝居相关工作的人，虽然不可能说不干就不干，但人还是越来越少。

胜丸老师也竭尽全力坚持着，但情况一个月比一个月差。

他说："这个行业就要消失了。"

我画了七年的纸芝居，不知道接下来该怎么办才好。

如果转做漫画，就必须去东京。去了东京，也不可能马上就有工作。

我小时候看过一部电影，有这样一个场景：日俄战争中，有一艘军舰即将沉没，舰上的人无处可逃，

于是就决定和军舰命运与共。

我脑海中浮现出电影的这一幕，知道自己只能尽快逃脱。

加太老师还在为改善纸芝居不景气的状况努力。但在我看来，这艘船难逃沉没的命运。

继续下去，我岂不是要和这艘船一起沉没。于是我下定决心，要去东京。

就这样，我带着木箱和绘画工具启程前往东京。

出发前，我去拜访了加太老师。他说："在东京，你可能连最基本的生活都无法保障。"

他让我去找小寺国松先生。

就这样，我在小寺经营的公寓安顿下来。那是一九五七年。

你也三十八了，该成家了

小寺的公寓位于东京平民区的龟户。

房子很奇特，有两层半，一楼和二楼是出租屋，那半层类似于阁楼，他经营的为纸芝居生产糖果的工厂的女工宿舍就在这里。

每个房间都是四张半榻榻米大小，管饭的房间一个月七千日元，虽然很便宜，但用的是进口米，凉了就会变干。

我到东京时，身无分文，必须马上开始工作。虽然可以抛弃纸芝居这艘即将沉没的船，但漫画这艘船也没有完全出现在我眼前。那时的我就好像在太平洋上手忙脚乱。

我只好暂时住在加太老师那里，帮他给纸芝居上色。

之后，我听说在关西做纸芝居的相山老师来东京画漫画了，于是，我带着一瓶威士忌去拜访老师，他把我介绍到了兔月书房。

一本漫画一百二十页左右，稿费三万日元，税金百分之十，最终拿到手的是两万七千日元，这就是当时的市场价格。

但我是第一次画漫画，不知道画完一本要花几个月的时间。在完成作品拿到钱之前，我的生活成了问题。虽然我在给加太老师帮忙，但纸芝居剧在那时已经十分没落了，经常没有工作。因此，我必须尽快画出一部漫画。

每天，我都全身心地投入到处女座《火箭人》的创作中，但进展却不顺利。因为纸芝居是用毛笔创作，而漫画是用蘸水笔，所以我有些不得要领。

但这不是抱怨的时候，我只能不顾一切地画。

据说，弹奏津轻三味线的高桥竹山，因为赚不到钱，就一直弹奏三味线，以此来忘掉饥饿。我也像他那样，不停地画。但因为不熟悉工作流程，所以进展很慢。

我的钱慢慢花光了，就开始去典当行。第一次当了一件破旧的西装，后来是鞋子。

这家典当行是比较少见的善良的典当行。老板不仅会以我说的价钱成交，而且就算我空手去，也会算在我已经抵押的物品上再借我一些钱。一个人也许能做到被扇了右脸，又把左脸伸过去，但也很难像典当行老板这样大方了。我对典当行老板感激涕零，然后继续努力创作。就在还剩十页的时候，我却得了"书写痉挛"这种病。这是松本清张等畅销作家也得过的怪病，因为书写过度，造成手部、肩膀和脖子僵硬而无法动弹。因此他们一般都是口述，请速记员帮忙记录。但我画的是漫画，无法采用口述记录的方式。就算可以，我也没钱雇速记员，因为我的钱包里只有二十日元了。

在一个寒冷的日子，我躺在被窝里想，是不是打一针就好了？

　　我拖着宛如半身不遂的身体来到药店，拿出二十日元，买了一粒维生素。不知道是不是这粒维生素起了作用，我终于能拿起笔，总算在当天完成了作品。第二天，我准备将作品拿到出版社。不过钱包里一分钱都没有，我找住在隔壁房间、在说书屋实习的一鹤借了十日元，来到位于水道桥的兔月书房。这个说书屋的实习生，就是后来情色说书领域的大师田边一鹤。

　　兔月书房最后给了我两万七千日元。不过，我们在笔名上产生了不同意见。我主张写我的本名武良茂，但出版社认为不能用这样一个特别的名字。

　　"东信太郎怎么样？"

　　出版社的人模仿电影男演员的名字，给我起了一些笔名。

　　"我在创作纸芝居的时候，笔名是水木茂。"

　　"嗯，总比本名好一些。"

　　经过一个多小时的争论，最后确定用水木茂这个笔名。

这个名字是我住在水木大道时，胜丸老师擅自起的，我本人对这个名字是有些不满意的。但是后来，我的人生就像水浇灌过的树木，生长得越来越茂盛，运气越来越好。如果我用了这个名字一直不顺利的话，可能一辈子都会怨恨它。

笔名的问题解决了，出版社要求我的第二部作品画战争题材。

我花了一个月的时间，创作出《战场誓言》。那时，我会请没什么工作的田边一鹤老师帮我涂色（把必要的地方涂成黑色）。

我把《战场誓言》送到出版社，被告知第三部作品三个月后再送来。这三个月要靠什么生活？我觉得大事不好。

正好这个时候，胜丸老师撑不下去，也来到东京。

他说："哎呀，你来东京的那个时候还好。后来就真的不行了。我卖光了所有的家产，可还是吃了上顿没下顿啊。"

确实，我听说他连孩子的自行车都卖了，可见有多惨。老师来看我，我虽然帮不上什么忙，但还是要请他去咖啡馆喝杯咖啡的。我花光了所有钱请他喝咖啡，胜丸老师说："我都一年没喝过咖啡了。"

老师是个实诚人，我相信他的话。

在时代的洪流中，一个职业的消逝带来的惨状是无法形容的。我认为这和人的能力或努力程度没有关系。从明治时期的轿子、人力车、马车铁道①过渡到电车，让我感受到时代的巨大变化。我在工作之余帮加太老师做一些上色工作，撑过了三个月，然后拿着第三部作品去出版社。

没想到，对方竟然说："我们没让你画啊。"

我大吃一惊。不知道是对方忘记了，还是因为我的前两部作品销量不佳，总而言之，我三个月的心血都打水漂了。真是欲哭无泪。

明天要怎么过？不，不要说明天了，今天回去我就要付清拖欠的三个月房租。我决定拿给别的出版社试试，但一想到把被否定的稿件再交给别人，就心情

①铺设铁轨，让马在铁轨上拖行车厢的一种交通方式。

沉重，但已经没有办法了。我去了附近一家叫日昭馆的出版社。

日昭馆的社长看起来十分亲切，我以为他会答应，没想到他说：

"这个我们不收，但别的出版社也许会收。"

窗外已经是黄昏时分，我像抓住了救命稻草一样。

"别的出版社是哪里？"

"晓星怎么样？我帮你打电话问问。"

这个回答仿佛是来自天上的福音。

夜幕降临，我穿着木屐（我的鞋抵押给了典当行）来到浅草桥的晓星。

"是日昭馆介绍我来的。"

长得很像战国武僧三好清海①的主编接过我的稿子开始看，那部漫画叫《地狱之水》。

五分钟过去了，十分钟过去了，十五分钟过去了……我观察着他的表情，脸上渐渐冒出类似癞蛤蟆

___
① 三好清海出生于北海道，在大阪之战后神秘消失，仅在甲贺忍者名录中有简单介绍，被认为是传说中的人物。

分泌的黏液一样的汗珠。如果再被这里拒绝，那我就真的完蛋了。

这时，"三好清海"抬起头，发出了和他长相不符的温和的声音。

"非常有趣，给你三万日元怎么样？"

我非常高兴，但身体有些虚脱。小声说道："哦。"

他可能误会了我的意思。

"嗯，那给你三万五千日元怎么样？"

"好，好的。"

我大声回答。拿着钱走出出版社，内心却忐忑不安。我害怕他会追上来说搞错了，要把多余的钱要回去。一路小跑着到了浅草桥站，果然不出所料，"三好清海"从后面喊道："等一下，等一下。"

我非常失望地停下脚步，他一边喘着气一边说："我想请你创作下一部作品。"

我悬着的心总算放下了。

过了一个月，我拿着自己用心创作的作品过去，却发现晓星倒闭了。

走投无路的情况下，我又开始找其他出版社，但没有一家愿意收我的作品。

"我们不出这样的作品。"吃了几次闭门羹之后，整个人都没了精神。我是不是比别人差？是不是这个世界上每个人都比我厉害？我一蹶不振。

我用尽最后的力气，来到以前出版过我作品的兔月书房。

"我们从今以后要开始出版搞笑漫画了。你要是有兴趣的话，就创作搞笑漫画吧。给你一次机会，但如果卖得不好，就没有下次了。"虽然都是漫画，但性质却不一样。就像演员，动作演员和喜剧演员是完全不同的。但我别无选择，不管是搞笑漫画还是暴力漫画，都必须做。

就在我拿起笔要努力创作的时候，父亲从家乡来了。

他对我说："你都三十八了，该成家了。"

父亲那时担任美军的翻译。

"爸，现在根本不是结婚的时候。"

我不想让他知道我的生活很窘迫，只将大概的情况告诉了他。父亲觉得我住在这样阴冷的房间对身体不好，他帮我出房租，让我赶紧搬走。

　　我在距离新宿站南口三分钟路程的地方租了房子。

　　搬家是好事，但我第二天就要为赚钱而拼命努力。

　　也许是因为我咬紧牙关努力画画，牙突然疼了起来。但我的钱包里只有两百日元。哪里能找到用两百日元就能治好我的牙的医生呢？我开始在大街上转悠，最后在现在的友都八喜电器行后面，找到了一家看起来非常便宜的牙科诊所。

　　进去之后，医生真的只收了两百日元，就治好了我的牙。

每天都在战斗

　　新房子的月租是一万两千日元，之前的出租屋是七千日元。我乐观地想，只是再多付五千日元就可以了，但之前的出租屋提供饭菜。这样一来，又要多花很多钱。

　　每个月，我有二十五天能勉强吃到饭，剩下的五天没饭吃。完成稿件的前五天基本是绝食状态。常言道："穷则变，变则通。"我想到一个好主意。我在附近的中华料理店点五人份的外卖，先饱餐一顿。等到店家来取餐具的时候，我就出门。到了发放稿费的日子，再装傻去付钱。我和老板说："不好意思啊，我前几天出去旅行了。"

我的搞笑漫画勉强过关了，又继续画了两三本。但评价都不是特别好，之后就没有再继续画了。

　　没有工作，生活难以为继。我已经准备放弃漫画，开始找别的工作了。在翻看报纸的招聘广告时，看到"征求漫画原稿"的广告。于是我来到位于惠比寿的出版社，这家出版社徒有其名，办公场所是一个两室公寓的其中一间。

　　从里面走出来一位秃顶老人，他说一本给我两万五千日元。这位老人之前是一家大出版社的总经理，公司倒闭后，沦落到如此地步。

　　他说："如果什么都不做，就活不下去了。我不了解其他行业，能做的只有漫画出版。"

　　我集中精力创作了《0号作战》。送去之后，他只付了我一半的钱。回家的路上，我看到车站前卖陶器，头脑一热，买了一只笔筒。我本来就没钱，还只拿到一半稿费，买笔筒实在是浪费。人类这种生物，有时候会做出一些奇怪的行为。这只笔筒，我到现在还用着。

那位秃顶老人，一直没把剩下的稿费给我。我去找了他几次，他都躲了起来。有一天，我突然袭击，顺利抓到了藏在厕所的秃顶老人。

他说剩下的稿费分期付给我，每天七百日元。我每天过去取也不划算，就约定每天傍晚在新宿站的检票口见面。

之后，我每天傍晚都会去新宿站。但从第四天开始，就等不到他了。为了这七百日元，我经常要等两三个小时。终于，我败给这位老人，欠款就这样不了了之了。生活越来越窘迫，我打算找别的工作。

可是，我真的能做别的工作吗？即使赚不到钱，但画画是我喜爱的工作。现在的我已经不是可以随意转行的年纪了，所以要坚持做下去。过了一段时间，我又去拜访兔月书房。

"是你啊，一直在等你来呢。"

"啊，是要把以前没付给我的稿费给我吗？"

"你不要老说这种话，继续画关于战争的漫画吧，钱会慢慢付给你的。"

终于不会饿死了。

要画的内容是战争，我的生活也宛如战争，每天都在战斗。

我一年都没怎么休息，差不多每天要画十六个小时。我已经搞不懂是为了生活才工作，还是为了工作而生活。只有在睡觉的时候，才能感受到幸福。

我唯一的乐趣就是吃香蕉。一般会买熟到快烂掉的香蕉，一把只要一百日元。按照在拉包尔的经验，这种香蕉最好吃，所以我不介意即将烂掉的香蕉。

就算如此，我每个月还是会奢侈一次。在拿到稿费的当天，会怀着将稿费全部花掉的心情，大吃一顿。如果不这样的话，我会因为过于隐忍而疯掉。但第二天醒来，又要投入战斗。

出租屋的管理员以前是一位要求严格的银行职员，看到我的工作状态之后，他大为感动，每次交房租的时候，都会宽限几天。

他对我说："如果你这样努力工作还交不起房租，这世道就太不公平了。这不是你的问题。"

《墓场鬼太郎》的诞生

像鼹鼠一样每天把自己关在房间里工作，就会变得怨天尤人。

这种心情不只我有，很多漫画家都是如此。被低廉的稿费任意驱使，想要埋怨出版社，却发现出版社也不富裕，便开始怨恨起社会、政治这些暧昧而模糊的东西。

我在出版社遇到另一位漫画家——熊田幸守。

他说："咱们去荞麦面店坐坐吧。"熊田坚持认为，比起咖啡馆，荞麦面店更适合说话。

他一边吃面，一边诅咒："这个出版社算什么东西！"说到这里还好。到最后他甚至咒骂起首相来。

说到激动之处，还会不由自主地摔茶碗，或是挥起拳头。店主还以为我们在吵架，跑来劝架。

很多出版社虽然名叫出版社，但实际就是个人的小公司。比如兔月书房，怎么看都不是能称为出版社的地方。

拖欠稿费也是常有的事。如果漫画家不和出版社合作，拖欠的稿费就无法拿到，因此只能继续画新的作品。而新作品的稿费还是会被拖欠……这样就形成了恶性循环。结果就是漫画家成了某个出版社的专属画家。

兔月书房的老板似乎将这种恶性循环看作是良性循环，像政治家一样宣称这是"共存共荣"。且不说共存，哪里是共荣，"共存共贫"还差不多。

那时的出租漫画界，受欢迎的漫画家有斋藤隆夫、辰己嘉裕、佐藤雅旦等人，他们组成了一个画剧工作室，创作的短篇作品《摩天楼》大受欢迎。

兔月书房的老板也仿照这种形式，让每个漫画家负责一个主题的短篇漫画集，然后以该漫画家的作品

为中心，加入一些新人的作品。

我负责的《少年战记》销售还算不错。

可是，负责《部长刑警》的中年漫画家，作品销量不怎么好，导致无法顺利拿到钱。

从兔月书房出来，我发现他一直悄悄跟着我。

我问他："你怎么了？"

"我回不了家了。"

"为什么？"

"我欠了一屁股债，如果不带钱回家，老婆就不让我进家门。"他小声说道。

我觉得应该帮帮他，就和他一起回了出版社，经过协商，我成了他的保证人，他可以回家了。

虽然有这样帮助别人的时候，但大部分时间我还是忙着自救。

我思考了很久，得出一个结论：造成生活困难的元凶之一就是房租。房租就像蛔虫，不断汲取我生活的养分。我简直就是为了付房租而工作的。

正好那个时候，关西的哥哥准备卖掉房子，一家人搬来东京。

他们准备用卖房子的钱付首付，找一个能负担得起的房子。最终，我们找到当时还是一片田地的调布①，也就是我现在的家。

那是两栋并排的小房子，售价七十万日元。虽然和住宅用地开发迅猛的现在相比，非常便宜，但对当时的我们来说，却是一笔不小的数目。首付之后就是每个月的贷款了。不过，这和房租不一样，不是被别人压榨。几年之后，我们就不用再付钱了。

这个计划不错，但我的《少年战记》销量越来越差。我带着稿子去出版社，他们却不肯付稿费。

出版社的人说："我们已经没有钱了。"

我露出怀疑的表情，他们便给我看他们的保险柜，里面只有五日元。

当时，电车车票最便宜的都要十日元，我拿走这五日元也没什么用。不过，我又像往常一样，只带了去程的车费。

---

①调布市位于东京都多摩地区东部。

我从水道桥一路走到新宿，继续从新宿走到调布太远了。迫不得已，我去了新宿车站前的派出所。

我说："我的钱包丢了……"

派出所的警察一听，脸上的笑容消失了，露出凶恶的表情。

他说："你要多少钱？"

"哦，五十日元就够了……"

"五十日元啊，一定要还啊！"

"嗯，一定会还的。"

警察从房间里找出一个本子，让我写上住址和名字。我一看，本子上密密麻麻地写满了住址、名字和金额。

"一定要还啊！"

"好的。"

我对警察表示了感谢，拿到钱，坐上电车的时候，松了一口气。

那个时候，是出租漫画的时代，有不少业余投稿人，其中有很多后来成了职业漫画家。比如向我负责的《少年战记》投稿的森田拳次，是一个脸上挂满笑容、看起来很健康的大学生。他后来凭借《小淘气达美鸥》《珍豪无茶兵卫》出名。

在这个行业，还有很多人是以前身处杂志漫画那个华丽的世界，现在沦落到出租漫画界来的。桥本善春老师就是其中的一个，他通过兔月书房的介绍，在我家二楼工作。桥本老师不愧是曾在杂志漫画界活跃过的人物，画画和剧情都很擅长。也许是因为人到中年，精力不够，他一天最多就画两三页。如果是以前的杂志，或许可以糊口，但在出租漫画界这个地狱，是无法生存的。

由于战记类作品越来越不受欢迎，我建议出版社让我改走妖怪路线。但出版社的人却说："你还是适合战记作品啦。"不肯让我更改路线。即便如此，我还是坚持我的想法。终于，出版社同意让我负责一部叫《妖奇传》的妖怪短篇集。在这部短篇集中，我刊登了《墓场鬼太郎》，把鬼太郎设定为日本自古以来就存在的妖怪的后裔。我自信满满，却不知为何作品完全不受欢迎。在出版了第二集之后，出版社就让我放弃这部作品。《妖奇传》废刊了，《鬼太郎》系列也就腰斩了。

然而，却有一个比较热情的粉丝，给兔月书房寄来一封长信。大意是他觉得《妖奇传》中连载的《鬼太郎》十分有趣，希望能够继续连载下去。托这封信的福，我能够继续创作《墓场鬼太郎》。如果没有这封信，可能就没有现在的鬼太郎了。

《墓场鬼太郎》是短篇，一共出了三集。但兔月书房不肯付稿费，于是我决定放弃。没过多久，之前做纸芝居的竹内宽行来电话，希望我能同意他画鬼太郎题材的作品。因为竹内是我的朋友，所以我说可以画一本。于是他也推出了《墓场鬼太郎》这部作品，一个月之后，出版了五集，紧接着又出了第六集、第七集、第八集、第九集……我觉得很奇怪，就到兔月书房抗议。然而他们坚称"那是短篇集的书名，没有侵害你的著作权"，谈判最终破裂。

创作《鬼太郎夜话》
《河童三平》

　　善春老师对我说:"我说啊,拖欠稿费的地方你就别待啦。"

　　确实如此,拖欠的稿费加起来都有十万日元了。

　　一个月之后,我完成了作品,两个人一起拿到兔月书房。

　　我说:"下一部作品,再不给钱的话,我就去别的出版社了。"对方说:"啊,不好意思,你们没有提前打电话来,所以没有准备稿费。"

　　"那你可以寄给我。"

　　"恩,也是,那两三天后吧……"

出版社在敷衍我。我觉得这样不行，就准备带着稿子离开，对方却说："稿子不留下的话，我们很难办哦。"

出版社说好两三天后寄钱给我，我们就回去了。但三天过去了，五天过去了……对方还是没有寄钱来。收不到稿费，我就无法专心工作。我打电话过去，和他们争论了几句。我情绪有些激动，大骂"白痴！"从此以后，我和兔月书房彻底决裂了。

我说："真没办法啊。"

善春老师说："这样下去会饿死的。"

我和善春老师开始找其他出版社。

我们先去了云雀书房。

"我们只要小岛刚夕那样的作品。"

后来凭借《带孩子的狼》大获成功的小岛刚夕老师，当时是云雀书房的大明星。

善春老师说："我这个年纪，很难成为漫画家了吧。"然后落寞地撩起他的白发。我虽然不是老人，但也快步入中年了。

我说:"我们去日昭馆看看吧,那里的人比较好。"

去了之后,才发现他们已经歇业了。据说是因为社长患肝硬化去世了。

"好不容易来一趟,也不能就这样回去吧。"我说。

我们又去了三洋社。这家出版社的社长长井胜一,后来创办了青林堂,推出了知名的月刊漫画杂志GARO。

到了三洋社,我发现里面有一群乞丐一样的漫画家。在这群人中,有被称作天才的义春。我们有些畏缩,犹豫要不要进去,但这样下去只能等死,就鼓足勇气走了进去,结果长井先生十分欢迎我们。他说:"我还以为你们不会来呢。"我心里很开心,决定在这里出版《鬼太郎夜话》,一本五万日元。即使每次只拿三十页左右的原稿过去,也会付我相应的稿费。一切都谈好了,我就高兴地回去了。

正好那时,我的父母来东京了。

我父亲说:"我帮你找了一个不错的对象。"

"爸,我现在还不是娶老婆的时候。"

"你以前也这样说，但你现在都快四十岁了。过了四十岁，就娶不到老婆了。"

父母的态度非常强硬。我只能说尽快回老家相亲，他们就回去了。

我匆忙画完一本，赚到了路费，就回家相亲了。

有一个长脸的女人走进餐厅包厢，看她一副精心打扮的样子，我觉得她可能是我的相亲对象。我本来还在犹豫，但父母说如果错过这次机会，我可能就要打一辈子光棍了。迫于他们的压力，我和这个女人结婚。

父亲正好领到了退休金，便用那笔钱帮我举办了婚礼。因为时间很紧，婚礼办得很仓促。结婚当天的婚礼现场一片混乱。

父亲在现场大声吩咐："酒用二等品就行了。"搞得我的婚礼既不庄严也不华丽。

婚礼结束当天，我们就起身前往东京。我也不知道还有新婚旅行这回事。有关婚礼的记忆，印象最深的就是父亲大声喊出的那句"酒用二等品就行了"。

我刚回到东京，就开始忙着工作。妻子说："世界上还有需要如此努力，却不赚钱的工作，真是不可思议。"她在习惯之前，甚至还因此感动、兴奋。而在这之前，这是一个除了我之外，没有人会相信和理解的世界。

在我为三洋社创作《鬼太郎夜话》到第四集的时候，长井先生生病住院了，我的稿费也降到了三万日元。

我创作出第五集，拿到三万日元的时候，三洋社解散了。《鬼太郎夜话》第五集"龟男篇"永远都无法出版了。这是我个人十分喜爱的作品，所以想把稿子拿回来。但对方已经付了三万日元，这样就有要回去的可能。不过，他们什么都没说。也许解散之后，我的作品就会和垃圾一起扔掉。当时在出租漫画行业，大家都是这样对待原稿的。

后来，我又回到决裂的兔月书房。创作了八集《河童三平》，然而，无论是销量还是稿费，都是一如既往的不理想。

我和辰巳嘉裕、横山正道见面聊天，听到出租漫画行业也已经没落了。

电视基本普及，而且即将进入彩色电视的时代。漫画也将迈入周刊杂志的时代。我从即将沉没的纸芝居这艘船，跳到出租漫画这艘船没多久，却没想到这艘船也要沉没了。

祸不单行，好不容易买到的房子也出了问题。这块土地没有得到土地所有人的许可，就建了房屋。土地的主人向我们索要三十万日元的费用。

我回答说："我们没钱。"我确实没有。这个人似乎不相信这个世界上还有人连一分钱都没有。他认为我的话是对他的挑衅。于是他说："法庭上见。"

过了十天，我收到一封存证信函。上面写着我完全不懂的法律术语，让我于某月某日到律师事务所。

那时，我刚好画完《河童三平》第八集送到兔月书房，回家的路上顺便去了律师事务所。

律师说："即使到了法院，你胜诉的可能性也不大，把两栋房子中的一栋交出来吧。"没办法，我就申请了三个月的缓冲期，然后将其中的一栋房子交给了土地的主人。那是一栋只有九坪①的小房子，但对我们来说，却是损失惨重。

在考虑是让哥哥一家搬出去，还是我和妻子搬走的时候，我们很幸运地抽中了市营住宅，于是哥哥一家决定搬到那里。住房的问题就这样解决了。然而，即使房子给了别人，贷款还是要还。

那时候，我的乐趣就是在去出版社的路上，顺便去水道桥吃十日元两个的松软的包子。

有时候，我甚至能一个人吃掉三盘。我还会去旧书店，不过只买摆在店门口的十日元一本的书。

我偶尔还会买一百日元一把的烂香蕉，和妻子一起吃，这是那时我们最大的幸福。

①日本传统计量系统尺贯法的面积单位，主要用于计算房屋、建筑用地面积。1 坪合 3.3057 平方米。

负债又倒闭

我的漫画中有一个很重要的角色，叫"鼠男"，是一个很可爱的反派角色。我在创作纸芝居的时候，在奇幻小说家香山滋的小说里，读到有人生活在到处都是老鼠的岛屿上，最后变得像老鼠一样的故事。我从这一情节得到灵感。不过，那时的鼠男还只是一只老鼠怪而已。

到了东京后，认识了出租漫画界的梅田荣太郎，他的动作和模样与我想象中的鼠男完全一致。于是，鼠男就从简单的老鼠怪，进化成形象丰满的鼠男。梅田也画漫画，但他更喜欢关注漫画之外的东西。他做事情，喜欢像德国参谋总部那样周密计划。比如他现在有十日元,就会思考如何在明天将其变成更多的钱。他还告诉我,和别人见面的时候,必须提前将谈话的内容演练一遍。比如问什么问题,对方会怎样回答,接下来要怎么说等等。他说:"对方看起来可以自由地行动,但就像弹珠机中的弹珠一样,看似自由,实则处处受限。语言的力量就像弹珠机中的钉子,可以改变其运动的轨迹。"

在我负责《少年战记》的时候,他建议我办一场少年战记会。他滔滔不绝地说,这个计划会带来多少好处。但他的意图其实是给会员有偿发放他发明的新式飞机(也就是卖给会员)。

他的计划、发明,基本都事与愿违,以失败告终。唯一成功的,可能就是他被赶出一直居住的村文化馆后,和市政府打赢了官司。

我老婆的肚子越来越大。

马上就要临盆了。

我们需要准备一笔钱。我决定把被兔月书房拖欠的稿费要回来。我去了兔月书房,他们给我开了二十万日元的期票，就是承诺到期支付一定款项的债务证书。虽然不是现金，但总比什么都没给要好。于是我拿着期票，到还贷款的房地产公司，让他们把我的期票兑换成现金（用期票金额减去期票付款期限前的利息，兑换成现金）。

可是，我每个月都不按时还贷款，对方有些怀疑地问我："这个没问题吗？"但我已经没有其他办法了。

"如果期票无法兑现，你要自己付清哦。"他们总算帮我兑换成了现金。

但是三天后，兔月书房倒闭了。我命令即将生产的妻子："先别急着生，把下面闭紧些。"

我急急忙忙跑到兔月书房，看到总经理双眼通红，被打得满头是包。

"要钱没有。谁不满意，可以揍我。要不你也打我几拳吧？"

我又不是万宝槌①，就算打了人，也拿不到钱。没

---

① 日本传说故事中的魔法木槌，只要摇晃木槌，自己想要的东西就会出现。

办法，我从兔月书房出来，跑到房地产公司道歉。

"我就说这种东西有风险！"

结果，我每个月除了要还贷款之外，还要分期支付期票的钱，债务越来越多。兔月书房倒闭，我没了工作。本以为已经到了最糟糕的境地，没想到还有更糟糕的事。

大藏省①的官员突然上门来，我还以为是给贫困户送钱来了。

没想到官员说："这片土地是国家的，属于大藏省。"

我目瞪口呆，回答道："随你们吧！你们把我家房子拆了，把土地拿走吧。"

那位官员拿我没办法，就先回去了。

第二天，那位官员又来了。跟我说："昨天弄错了，我们搞错账本了。"

我松了一口气，但又很生气。如果是胆小的人，

---

①日本自明治维新后到 2000 年期间存在的中央政府财政机关。2001年1月6日，中央省厅重新编制，大藏省改制为财务省和金融厅。

恐怕早被这些接踵而来的不幸吓到心脏麻痹了吧。

住在二楼的桥本善春老师，在大阪的太太生病了。

他留下一句"为什么我们如此不幸"，就回大阪了。

我一个人四处寻找出版社。找了很多家，浅草桥的中村书店答应让我画一本。

我用二十天的时间火速完成，拿到出版社，但原本答应的三万日元稿费，只给一万日元。

"不是说好三万吗？"

"我们已经不做出版了。如果你嫌少，就把稿子拿回去吧。"

如果把稿子拿回去，这一万日元就要还给人家。

我"哦"了一声，就打道回府了。这本书后来也没有出版，估计是在倒闭的混乱中，被扔进垃圾箱了吧。我回到家，盯着这一万日元发呆，结果税务局的人来了。

"你申报的收入太少了，我们怀疑你偷税漏税。"

我忍不住大吼："你们很了解我的生活吗？"

估计是被我的气势震慑到，之后，税务局的人再也没有来过。

那时支撑我的，只有自信。不是对作品的自信，而是对生活的自信。这种自信中没有悲怆感，而是一种"上天会让我活下去"的乐观态度。因为无论怎样，我的身体还很健康，吃什么都觉得美味。离截稿还有一段日子的时候，我会骑着自行车到墓地和古寺转悠。我在古墓上小便，就能大概知道墓地里埋葬的是什么。因为有这样的技能，所以没人的时候，我就在墓地小便。聆听死者的声音是我的一大乐趣。

一般的古墓都布满了蜘蛛网，所以玩弄巨大的蜘蛛也是我的乐趣之一。

现在的东京发展很快，这样古老诡异的地方基本都不复存在了，出门散步也没什么好玩的。但那时有很多这类奇特的地方。

让我画妖怪漫画吧!

　　一九六三年的时候,出租漫画行业已经十分萧条了。我去了位于水道桥电车轨道下面的曙出版社。在那里,只有上面没有电车经过的时候,才能听见别人讲话。

　　白发苍苍的土屋社长对我说:"因为兔月书房倒闭,所以你才来我们这里吗? 真可怜。"

　　头顶上的电车一辆接一辆驶过,公司的房屋就像一个巨大的电动按摩器晃动着我。

　　社长说:"那就拜托你画战记题材类的作品吧。"

　　我立刻开始创作。

　　曙出版社支付稿费很及时,于是我一口气画了三本。但当我拿着第三本来到出版社时。社长说："你的东西已经卖不出去了。下个月开始，一本按两万五千日元算吧。"

一下就降了五千日元，我开始不安起来，决定继续寻找别的出版社。我到中央出版社了解情况，中央出版社是剧画工作室的漫画家们的根据地。

正好松本正彦老师在那里，编辑请松本老师喝咖啡，顺便叫上了我。但我没带喝咖啡的钱。我紧张地喝着咖啡，松本老师晃动着他那和西乡隆盛差不多庞大的身体，淡定地聊着天。

从咖啡馆出来的时候，编辑付了钱，我松了一口气。中央出版社还有辰已嘉裕和樱井昌一。

昌一对我说："水木，我特别欣赏你的作品。"他还请我喝了咖啡。

最终，中央出版社答应试着帮我出一本。我还喝到了咖啡，可谓收获颇丰。过了十天，我到曙出版社去领稿费。我的力作出版了，但拿到书一看，作者的名字却变成了武取勇。

"这是怎么回事？"

"不好意思，因为水木茂的作品完全卖不出去，我们就把名字改了。"

"啊！"

看来我的名字出名了——因为不受欢迎。

"在战记题材的作品中，水木茂的名声已经不行了。"

"那妖怪题材的可以吗？"

"妖怪题材啊，你换个笔名兴许可以。"

"你是说水木茂不行吗？"

"你烦不烦，看到水木茂这个名字，经销商就不会和我们合作。"

就像过气的摔跤选手戴上面具摔跤，想东山再起；火不起来的新人歌手，换个名字重出江湖。现在的我就是这种感觉。

如果是往常，我会在回家的路上去水道桥站旁买两个十日元的松软的包子吃，这是我的一大乐趣（五十日元的咖啡，如果没有特殊情况，我一般不喝）。但是那天，我连吃包子的心情都没有。每天过着这样的日子，到了年底更是难熬。进了十一月，我就开始担心年底的事情。

十二月二十号，我画完了在中央出版社的第一本书，拿到出版社。

出版社里，有几个漫画家聚在那儿，露出诧异的表情。他们看着我，七嘴八舌地说：

"拿不到钱的。"

"过年没有钱。"

我有些吃惊，说："这怎么可能，我昨天打电话问过了。"

"但是社长根本就不在。"

"怎么能不在？说好今天的啊。"

编辑说："刚才还在。"

"刚才是什么时候？"

"就是刚刚啊，估计他现在刚到御茶水站。"

我狂奔到御茶水站。因为没有钱，我过不了年。

年底拥挤的车站里，我看到中央出版社的社长走在人群中。

"我的稿费是什么情况？"

"今年的业务已经停止了。"

"你说停止了，那我怎么办啊？"

"我没有钱，我也没有办法。"

社长冷冷地说。

"明年再来吧。"

我束手无策，只好去若木书房试一试。

"我们是做少女漫画的。"一句话就把我拒绝了。

天色渐渐暗下来，街头响起了庆祝圣诞节的音乐。我想找个洞钻进去，但还是硬着头皮回家了。

回到家，房地产公司下了最后通牒。因为很长时间没有还过贷款了，所以他们希望我们赶紧收拾东西搬走。第二天，我到典当行换了车费，到房地产公司去解释。我向他们解释原因，感觉嘴巴越来越干，舌头都硬了。

战胜不了睡魔

出租漫画这个行业不断衰落的同时，我已经年过四十。

作为一个漫画家，我已经没有出人头地的机会了。因为在杂志界这种光鲜亮丽的地方，还没有四十多岁的漫画家发表作品的先例。

有一天，长井胜一夫妇拿着米饼来拜访我。他曾经创办三洋社，后来因为生病，出版社倒闭了。

"我们打算创办 GARO，稿费一页五百日元哦。"

"哇，竟然有五百日元。"

"三平（白土三平）打算给我们投稿，你也加入吧。"

我非常高兴。于是模仿白土三平的《忍者武艺帐》，创作了《忍者无艺帐》。

但是，出版社却迟迟没有刊登。我想是不是因为我模仿白土三平的作品，有点过分。不过，两三个月后终于刊登了，我才放心。

之后，我每个月都给 GARO 投稿。创作了标榜说书风格的《宫本武藏》，出版后颇受欢迎。虽然一页能给五百日元，但我创作的都是短篇，因此也挣不到多少钱。

有一天，鼠男的原型梅田出现了。他已经放弃做漫画家，转行做出租漫画的出版社宏文堂的编辑。

他拜托我画一些战记题材的作品，我就画了一两部，但那时出租漫画已经不流行了。

GARO 比出租漫画的版面更大，读者以学生、漫画迷为主。有人注意到我的作品，《少年杂志》来向我约稿，要求我画和宇宙有关的漫画。

我陷入沉思。

我基本没有画过类似题材的作品，而且如果答应了杂志社，就必须放弃出租漫画的工作。即使是短篇作品，也要连载六七回，加上准备的时间，需要两个月。如果我停掉出租漫画的工作，担心两个月之后该怎么办。

这一时期，也是我从出租漫画向杂志漫画转型的时期。当时，做出错误决定的漫画家不在少数。也许开始从事杂志方面的工作，是一件好事，但两个月过后，就没工作了。想要再去做出租漫画，就不可能了。桥本善春老师就是这种漫画家之一。

我拒绝道："如果不能画我想画的，就不做了。"

过了两个月，到了夏天，在一个非常炎热的日子，《少年杂志》的编辑又来拜访我。他用我家的脏杯子喝了一杯水，然后说："这次我们的创作要求变了，你可以画你想画的，画三十二页就可以。"于是我立刻创作了《电视君》这部作品。

那是一九六五年的事。

以此为契机，杂志的约稿源源不断。

《鬼太郎》开始连载，我拿到稿费后，老婆非常惊讶。

"你可以拿到这么多？"

也难怪她会问，因为之前的稿费都太少了。

"傻瓜，出租漫画和杂志的稿费相差十倍。"

我老婆觉得就像做梦，我也感觉这不是真的。但看着三厘米厚的当票一点点消失，当出去的东西被赎回来，终于觉得这是真的了。

从老婆的和服到内裤，很幸运没有丢失一件东西。甚至有在当铺抵押了十年的东西，又回到我身边。

有一件西服，是最早送到当铺的，因为放置的时间太长，赎回来的时候已经变形了。我觉得拿出去晾一晾，就可以穿，于是挂在外面，却被小偷偷走了。

因为这个小偷，我在一九六五年年底获得漫画奖的时候（《电视君》，讲谈社儿童漫画奖），只能重新买一套西服。

连载增加了，我变得更加繁忙。

我雇了助手，但依旧要经常通宵工作。晚上只睡五个小时成了家常便饭。最痛苦的就是在炎热的夏天通宵工作。

工作繁忙，我经常感到身体疲惫。

我从小就爱睡觉。

希望每天至少睡七个小时。但只要有连载，这就成了不可能的奢望。

过了五六年，开始出现眩晕的症状。

我去看医生，医生说这是睡眠不足导致的。

他嘱咐我要多睡觉。我让医生开一些药，结果他开了安眠药。

这样，我肯定能睡着了。

我的漫画畅销之后的第六年，开始减少工作量，增加睡眠。

我要把之前没睡的觉都补回来，从那时候开始，每天要睡十个小时。

有一天，我接到消息说宝塚游乐园要举办夏日妖怪大会。

我去了宝塚，发现工作人员中，有一个是我在东南亚参战时的战友。

我不假思索地说："拉包尔真好啊。"

他回答道："有时间我们去看看吧。"

于是我们两个决定去拉包尔。

我对他夫人说："你老公真是个奇怪的人。"

过了一会儿，她对我说："你们俩都是。"

自由率性的土著人

我和中士坐上飞机，两个人都非常兴奋，到了晚上也睡不着。

因为我们两个人终于又能回到那个我们一直认为是天堂的地方，那种激动的心情，让我们毫无睡意。

那位美女艾普佩现在怎么样了？那个叫托佩托罗的少年还活着吗？村民们还像以前那样亲切友好吗？想到这一切，我就会因为没能遵守"七年后回来"的约定而懊悔。

"喂，我看到了。"

中士发出仿佛遭遇劫机的尖叫声，把我吵醒了。

记忆中的那座岛屿，隐约出现在眼前。

我和中士握着手，沉默地眺望那座岛屿足足五分钟。

飞机上的人都以为我们是疯子，用奇怪的眼神看着我们。但我们的心早已不在这个世界，已经飘到了那个天堂。即使周围的乘客用世俗的眼光看着我们，我们也不以为意。

到了岛上，昔日那种天堂的味道，又出现在周围。

中士说："感觉像回到了家乡。"

我说："不对，是天堂。"

"你说得对。"他回答道。

我和中士去了曾经发生战争的地方。

他说："我要在这里游泳，游上一星期。"

我问："你来这里是为了游泳吗？"

"这样不好吗？"他说。

没办法，我只好一个人去找托佩托罗。

我和一个像海狗一样"嗷嗷"叫的司机找了一天，都没找到托佩托罗。到了下午三点多，我看到有四五个土著人经过，便问："你们知道托佩托罗吗？"

"他是我孩子的舅舅，我娶了他的妹妹，我叫托马利路。"

他继续说："托佩托罗现在是酋长，我是他的副手。"

司机海狗先生也笑眯眯地跟了上来。我一直认为，在地球上的任何地方，人们都一直忙忙碌碌，但这里却不同。他们没有被"竞争"这种无聊的生存法则束缚，全身都向外传递着自由和豁达。三十年前的天堂，现在依旧是天堂。我和他们走在一起，能感觉到一种说不出的开放感，脚下有昆虫在鸣叫，天空有鸟飞过。

很快，我被带到托佩托罗的"国家"。那里养着鸡、猪和狗，七八间小屋，门口横放着一根五米长的竹子。

山后如同山谷一样绵延的热带雨林，似乎也是托佩托罗"国家"的领土。

有人喊道："保罗来了。"

这时，每家的房屋都探出了脑袋，像妖怪一样，他们齐声高呼："呜嗷——"

土著人盛情款待了我。可能是出于友好，他们还把木瓜和香蕉往我嘴里塞，让我无法拒绝。当水果攻势把我搞得晕头转向的时候，酋长托佩托罗出现了。他和我握手，声音早已不是当时那个年少悦耳的声音了。他现在的声音听起来像牛蛙，变成了一个挺着肚子的中年大叔。

我问道："你是托佩托罗吗？"

"呜嘎！"他用一种不知道是什么动物的声音回应我，已经热泪盈眶了。他的副手托马利路叽里呱啦地唱起了当时的军歌："大雨大雨下呀，我的妈妈呀……"

在他们的生活中，能称得上变化的只有三十年前的那场战争，之后，他们就过着近乎静止的生活，因此大家都清楚地记得当时发生的事情。他们又带我去了之前的防空壕。"保罗回来了"的消息很快传遍了托佩托罗的族群，他们都从家里出来，用脏脏的手和我握手。

他们居住在辽阔的土地上。大路上分出许多小路，几乎每条小路的尽头都有一户人家。从小路的入口处开始，就是这户人家的土地。

田地里种着两三株烟草，一块长约一米的红薯地，还有一块种着番茄，番茄的直径差不多有三厘米。

这些田地看起来很奇妙，就像欧洲那种会出现精灵的田地。我想，断崖应该没有人住，却没想到有土著人在断崖上凿洞，居住在里面，着实让人惊讶。

许许多多的土著人在前面给我带路。树上的果实掉下来，他们会用刀划破坚硬的外壳，将果肉送到我嘴边。这些人里，有人看起来十分凶恶，让人害怕，但他们的内心却非常热情，与外表截然不同。

他们不断地喂我各种各样的水果，我有些招架不住。正在这时，托布艾出现了。我三十年前在这里的时候，他还是一个单身青年。听说他现在还单身，正在找老婆，我非常惊讶。

"你都多大了！"我说。

他却说不知道，一副不在意的样子。

我觉得也对，年龄什么的并不重要。对生物来说，只有生和死两种状态，例如蜻蜓、猫和植物。人类发明了时钟，简直是作茧自缚。

非洲的俾格米人①坚信"急躁带来死亡，悠闲自在才能丰富生命"。这一点我非常认同。大自然不会催促人类，土著人遵循着自然规律生活，所以才如此快乐。

"那个漂亮的艾普佩怎么样了？"我问。

他们说艾普佩结了两次婚，生了四个孩子。

"啊？"我忍不住叫出声来。艾普佩三十年前就已经结婚了。现在已经快五十岁的人，居然又生了小孩……

我一脸惊讶，被他们带到艾普佩那里。艾普佩的声音有些沙哑，但看起来还是一个水灵灵的美人（只是鼻孔有点大）。

我正在思考现在是什么情况，艾普佩的父亲过来紧紧握住我的手。他的年龄已经很大了，看起来依旧健康，还跳舞给我看。

---

①俾格米人泛指男性平均身高不足 5 英尺的民族，这一名称源于古希腊人对于非洲中部矮人的叫法。

也许人类生活在这个乐园，是不会变老的吧。托佩托罗过来接我。他说到了傍晚，有人喝啤酒喝醉了，就会用石头砸人的头，所以叫我早点回去。

他们只要喝一瓶啤酒，就会酩酊大醉。据说酒精是战争结束后才传过来的，所以他们很容易醉。我回去后，他们给我准备了一个巨大的红薯，我说不吃，村民有些不高兴。于是我咬了一大口，感觉是我吃过的红薯里最难吃的。这个红薯的品种应该是"农林一号"，实在难以下咽。而且还用椰子油煮过，味道非常奇怪。可能是看我吃得太慢，托佩托罗用他巨大的手掌拍了拍我的背，说"别客气"。看起来他们根本就不认为这种红薯难吃。因为他们现在还过着和三十年前一样吃不饱的日子。虽然他们并不富足，待人却亲切友好。

富翁齐阿拉是位白发苍苍的老人，也是舞蹈表演的组织者。他说要为我表演舞蹈，希望我去看。他们跳的舞蹈十分奇怪，表现的应该是他们来自所罗门的祖先的形象，有父母和孩子。这个舞蹈想要传递和表达的是祖先留下的历史，对孩子的教育等。

我觉得，在这片土地上，只要有树之灵、草之灵、山之灵和这些舞蹈，其他都不需要。这里最近可能要成为独立的国家了。①这里的人们将来可能像西欧人那样穿起长裤和西服，但我觉得这里的人根本不需要穿长裤。

他们现在穿的叫"拉普拉普"的贴身裙就很好。"拉普拉普"下面非常透气，穿起来很凉爽，大小便的时候更是方便到难以想象。如果规定他们必须穿上长裤，我估计他们会长出股藓、金钱癣等各种癣。文明常会带来各种无用之物，让人失去生存的意义。

一个长得像猩猩的大叔拍了拍我的肩膀，吓了我一跳。他就是托马利路的哥哥，叫托乌拉吉利吉，在澳大利亚殖民时期，曾是这里的村长。

他说："我带你去看歌剧。"

我到了猩猩大叔的剧场，就是在丛林中开辟出的一片空地，旁边有一间小屋，里面放着歌剧用的朴素

①拉包尔所属的巴布亚新几内亚于 1975 年独立。

的面具。他们各自拿一个啤酒瓶和一根小木棍，开始表演。他们敲击着啤酒瓶，奏出奇妙的旋律。

与其说是歌剧，更接近浪花调①，基本就是猩猩大叔一个人独唱。之后，每个人的手上都拿着一种叫"波可波可"的华丽装饰开始跳舞。猩猩大叔已经沉醉在歌剧中，闭着眼睛，非常享受。

我心里想，这就是他们的歌剧啊，这样有趣。正在这时，有人递给我椰子水，椰子水里有白色的椰肉。我看到猩猩大叔大口咀嚼的模样，产生了一种错觉，他好像变成了猴子。

我不由得感叹，在这样物资匮乏的地方，原来还有这么多有意思的东西。他们和日本人的思考方式完全不同。悠闲自得的生活甚至让人担心，这样真的可以吗？

我想到在战争中，他们曾嘲笑日本的军队一直工作，简直无法想象。而日本人则嘲笑他们太过懒惰。

---

①日本的一种大众曲艺。用三味线伴奏，由一个演员以通俗易懂的曲调说唱故事。

日本人认为做更多的工作，就会得到更多的酬劳，于是会像拉马车的马一样不停工作（其实什么也得不到）。

　　土著人则悠闲地工作，以不违背自然之理为法则。他们每天早上去田里，挖个坑大便，然后埋起来，最后去采收当天的粮食。这就是他们一天的劳动。

　　在能看见月亮的夜晚，大家会躺在一起聊天。所以家庭之间，部落之间的交流非常顺畅，不会发生争执。大家都过得悠然自得。

　　孩子们也聚在一起聊天，看起来十分开心。我不由得担心，大家都这样开心真的好吗？不过我突然明白，这样的笑，不就是人类长久以来追求的幸福吗？笑声与鸟叫虫鸣融合在一起，人与自然和谐相处。而我们虽然在物质上很富足，却失去了一些东西。

　　不进行生产的原始生活，一些怪人、奇人尝试的不同寻常的优雅生活，或是像猫一样简单的生活，这些很难得到大家的尊重。国家只给那些领导大众的人颁发勋章，政治家和实业家在一起为了谋取利益而不择手段，传递着"物质第一"的思想，因此日本才会变得这样无趣。

　　咕咕咕

　　鸽子咕咕

　　想要豆子吗

　　那我给你

　　大家快来

　　一起

　　来吃吧

　　大家一起唱了这首歌后，我就离开了这座东南亚小岛。他们这种让人难以想象的悠闲自得的生活，让我震惊、哑然。

　　他们不会因为隔壁建了仓库，自己家也必须建一个。他们的头脑中，没有竞争这种意识。大地之神会巧妙地安排一切。落后于别人也不必惊慌失措，人类本来就和鸟、野兽、昆虫一样。

后记

俗话说"走自己的路"。想想看，就算暂时落后，也没有必要闷闷不乐。只要继续走自己的路，总有一天，上天会给你机会。就算上天不给你机会，你也会找到相应的出口。没有必要因为别人在某方面比自己优秀，就耿耿于怀。

就像昆虫有许多种类一样，我们人类也分很多种。让蜻蜓变成螳螂或让臭虫变成蚯蚓，是不可能的。

每个人都不同，就算有着不同于他人的生活方式也没关系。

我们从小时候开始，就被塞进一个叫"学校"的奇怪的地方，大人们根据成绩和分数来评价我们。何必为这些无趣的东西担惊受怕？

对于擅长考试的人来说，可能觉得有趣，但对那些不太擅长的人来说，他们就会想，"我真的是笨蛋吗？"脆弱的人，如果无法取得理想的分数，就会马上觉得"我不行了"。但是，根本没有这回事。这个世界很自由，我们可以有很多种活法。从学校毕业成为上班族，就能看到一辈子的发展轨迹，我不喜欢这样的生活，因为真的很无趣。

我也曾想放弃在日本的生活，到东南亚的小岛上做一个土著人，开始我的第二人生。但是当我娶妻生子后，这一计划就搁浅了。因为妻子和女儿都不愿意在"天堂"生活。我用了两三年的时间劝说她们，但失败了。最后，我想要不要自己一个人去，但始终无法下定决心。

先不谈这些。做自己喜欢的事情，就不能偷懒。既然要做，就要一直坚持不懈地努力。在大自然中，无论是昆虫还是野兽，都是自己寻找食物。它们很少会在寻找食物的时候偷懒。

说回我自己。我小的时候，从奶奶那里听了很多关于妖怪的故事，让我非常震惊。

"妖怪是什么？"这个问题一直出现在我的脑海里。一有机会，我就会思考、查找和妖怪有关的东西。

少年时期，每当我画妖怪的时候，父母就会骂我："你要做这种愚蠢的事情到什么时候？"

青年时期，当我认真地查找有关妖怪的资料时，别人就会说："这家伙是不是笨蛋。"

但是，就算是"傻事"，只要肯坚持，也会变成兴趣。神仙、地狱……不知不觉，这些东西已经成了我生存的意义。也许是我运气好，现在竟能靠妖怪生活，我非常感激。但也觉得，就算是无聊的事，只要坚持下去，总会有回报。

水木茂

一九七八年夏

图书在版编目（CIP）数据

　画妖怪的我 ／（日）水木茂著；柳凯薇译．—— 海口：
南海出版公司，2019.1
　ISBN 978-7-5442-9396-9

　Ⅰ．①画… Ⅱ．①水… ②柳… Ⅲ．①水木茂－自传
Ⅳ．① K833.135.72

中国版本图书馆 CIP 数据核字（2018）第 197198 号

画妖怪的我
〔日〕水木茂 著
柳凯薇 译

出　　版　南海出版公司　（0898）66568511
　　　　　海口市海秀中路 51 号星华大厦五楼　　邮编 570206
发　　行　新经典发行有限公司
　　　　　电话（010）68423599　　邮箱 editor@readinglife.com
经　　销　新华书店

责任编辑　翟明明
特邀编辑　马文富　李文彬
装帧设计　朱　琳
内文制作　杨兴艳

印　　刷　山东鸿君杰文化发展有限公司
开　　本　787 毫米 x1092 毫米 1/32
印　　张　7.5
字　　数　63 千
版　　次　2019 年 1 月第 1 版
印　　次　2019 年 1 月第 2 次印刷
书　　号　ISBN 978-7-5442-9396-9
定　　价　45.00 元

著作权合同登记号　图字：30—2018—089